LE DÉVELOPPEMENT DU LANGAGE

Agnès Florin

LE DÉVELOPPEMENT DU LANGAGE

DUNOD

Conseiller éditorial pour cet ouvrage : Alain Lieury

ISBN 2 10 004195 9

Sommaire

Chapitre 3

Des mots isolés aux productions complexes : on n'apprend pas à parler tout seul

Chapitre 4

Les différences interindividuelles

Chapitre 5

Du langage oral au langage écrit : fonctionnement et dysfonctionnements

Introduction

Apprendre sa langue maternelle... Parvenir à une maîtrise de l'expression orale et écrite... Il s'agit là d'une activité (spécifiquement ?) humaine, qui nous permet de communiquer avec nos congénères et de nous représenter le monde. Activité hautement valorisée par la famille, qui souvent guette les progrès de l'enfant et s'inquiète de ses éventuels « défauts de langage ». Objectif majeur de l'école maternelle et élémentaire, parce que la maîtrise de la langue est une condition de la réussite scolaire.

Cet apprentissage est l'un des premiers de la vie : on examinera ce qui se construit à la naissance, avant, et avec les premiers mots. Il faut aussi définir ce que l'on apprend exactement : un répertoire de mots, des règles syntaxiques ou des conditions d'utilisation des énoncés.

Un autre point important est de savoir ce qui nous permet d'apprendre à parler. Certains auteurs considèrent que nous sommes des sortes d'animaux précâblés pour traiter le langage. Mais le rôle de l'entourage est essentiel dans ces apprentissages. Le développement langagier ne peut pas être dissocié non plus des autres aspects du développement : cognitif, affectif, psychomoteur, social, etc.

Apprendre sa langue maternelle, c'est aussi passer des mots isolés aux énoncés complexes, articuler la maîtrise de l'oral et celle de l'écrit ; aussi examinera-t-on les liens entre ces différentes étapes du développement.

Une autre question importante est celle de la généralisation des phénomènes observés.

– Généralisation à différentes langues : l'acquisition du langage est-elle la même pour toutes les langues ou existe-t-il des spécificités ?

– Prise en compte des différences individuelles : pourquoi tous les enfants n'ont-ils pas la même maîtrise de leur langue maternelle ? L'aide qui peut leur être apportée pour développer leur langage doit tenir compte des périodes critiques pour les apprentissages (tout n'est pas possible à n'importe quel âge). Enfin, on dégagera quelques pistes pour expliquer les dysfonctionnements du langage oral et écrit.

Telles sont les questions que l'on se propose d'examiner, et que se pose toute personne au contact de jeunes enfants, en tant que parent ou futur parent, ou comme professionnel ou futur professionnel, dans le domaine de l'éducation ou de la santé. Les réponses apportées se réfèrent aux travaux scientifiques récents : les principales sources ont été répertoriées, en privilégiant les textes en langue française pour faciliter l'accès à des lectures complémentaires. Chaque fois que cela a été possible, les points de vue exprimés ont été illustrés par des exemples concrets.

Seront abordés successivement les aspects suivants, dans des chapitres distincts : la spécificité du langage humain ; les débuts du langage et son développement ; le rôle des partenaires ; les différences interindividuelles ; fonctionnement et dysfonctionnements du langage oral au langage écrit.

Le souci principal a été de donner à la fois des informations actualisées, mais qui font l'objet d'un certain consensus parmi les scientifiques du domaine, et de dégager des pistes de réflexion pour les adultes au contact des enfants, et bien souvent partenaires de leurs apprentissages.

Chapitre 1

Le langage : un domaine d'apprentissage très spécifique

- distinct° animal/humain
animal (chimpanzé) peut appr codes ms pas bcp.
↳ lgage = spécificité humaine

Moi, Tarzan… [illegible]

Comme Tarzan peut épater sa compagne en se déplaçant d'arbre en arbre et en imitant le [illegible] d'une [illegible], en la protégeant des bêtes sauvages et des dangers de la forêt ; mais c'est par le langage qu'il se manifeste véritablement à elle en tant qu'être humain.

Cette activité est spécifique à l'homme, elle se caractérise par des acquisitions rapides, dans un ordre assez précis. Plusieurs théories rendent compte de l'acquisition du langage.

I. LANGAGE ANIMAL, LANGAGE HUMAIN

Le langage, dans sa complexité, est spécifique à l'homme et unique. Les tentatives d'enseignement du langage oralisé à des animaux, et en premier lieu à des chimpanzés, se sont soldées par des échecs. Mais parler n'est pas forcément oraliser. Les chercheurs intéressés par la communication animale se sont alors tournés vers le langage des signes, utilisé par les sourds, ou vers certains codes faits par exemple de morceaux de plastique aux formes et couleurs différentes associées à des mots, pour apprendre à des chimpanzés d'autres sortes de langage.

Ces expériences très lourdes, dans lesquelles l'animal, isolé de ses congénères, est pris en charge constamment par une équipe d'éducateurs, pendant plusieurs années, montrent que l'apprentissage de codes est possible, au moins dans une certaine mesure. Les chimpanzés les plus « doués », tels que les célèbres Nim avec Terrace (1980), Sarah avec Premack ou Washoe avec les époux Gardner, peuvent apprendre à reproduire de nombreux signes, voire quelques centaines, à les associer comme ils l'ont vu faire, et ainsi communiquer avec les hommes, voire communiquer entre eux. Ainsi Washoe utilisait des combinaisons de deux signes, comme : *drink red* (boisson rouge), *Washoe sorry* (Washoe triste ou Washoe pardon), *you drink* (toi boire), *please tickle* (s'il te plaît, chatouille), *dirty Roger* (sale Roger), en direction de l'un des éducateurs qui refusait de l'emmener en promenade. Washoe formait aussi des signes pour elle-même en feuilletant des magazines : « là, bébé », « là, fleur », « là, brosse à dents ». Dans d'autres situations, les signes de Washoe concernaient des actions imminentes. Par exemple, lorsqu'elle se dirigeait furtivement vers une partie de la cour qui lui était interdite, elle formait pour elle-même le signe « doucement » (d'après R. A. Gardner et B.T. Gardner, « Communication with a young chimpanzee : Washoe's vocabulary » in *Modèles animaux du comportement humain.*, Paris, Éd. du CNRS, 1972, p. 264).

Sarah commença son entraînement à l'âge de 4 ans, avec un langage artificiel, créé par Premack et constitué de découpes de plastique de formes et de couleurs différentes, fixées par un aimant à un tableau sur lequel on lit verticalement. Chaque découpe représente un objet, une personne, une action, une relation logique ou une couleur. Aucune analogie n'existe entre la forme et la couleur d'un morceau de plastique et ce qu'il désigne ; par exemple, un triangle bleu signifie « pomme », une pièce grise « rouge ». Sarah a appris 132 de ces signes, pour exprimer des demandes, interrogations, affirmations et elle utilise les symboles dans un ordre correct. Elle manifeste aussi des capacités de représentation pour apprendre un mot nouveau : elle ne connaît pas le sens de « brun », mais elle connaît celui de « couleur » et de « chocolat » ; si l'on écrit devant elle « brun couleur chocolat », elle est capable de prendre, parmi plusieurs objets de différentes couleurs, le seul qui soit brun, et d'obéir à la consigne « prends brun ».

En revanche, la capacité des chimpanzés à produire des « phrases » originales apparaît beaucoup plus limitée ; ils ne dépassent guère la juxtaposition de deux mots, tels que

« oiseau » et « eau » pour désigner le canard par l'expression « oiseau-eau ». Leur communication est centrée sur l'expression de demandes de nourriture et de contact ; utiliser le langage pour produire de l'imaginaire, de l'humour, ou parler d'autre chose que de la situation immédiate reste, pour l'essentiel, hors de portée des animaux.

De plus, les chimpanzés sont incapables d'accéder à la syntaxe et de comprendre la fonction grammaticale des mots ; par exemple, ils ne peuvent pas faire la différence entre le présent et le futur, ni comprendre l'équivalence entre une forme active et une forme passive (« David a coupé la banane » et « la banane a été coupée par David »). Ils sont également incapables de prendre en compte le caractère abstrait des signes par rapport à la réalité, tel qu'il se manifeste par exemple à travers la polysémie ou la synonymie.

Au bout de quatre années d'efforts, Terrace constatait que Nim, pris en charge depuis l'âge de 2 semaines, maîtrisait environ 125 signes, mais que la longueur moyenne de ses énoncés stagnait à 1,5 signes environ, c'est-à-dire à ce que font la majorité des enfants avant l'âge de 2 ans.

L'apprentissage de codes pose aussi le problème de l'homogénéité du langage gestuel ou de la manipulation de formes par rapport à la structure de la langue : peut-on transférer les résultats d'une organisation dans l'espace à une organisation dans le temps ?

Maîtriser le langage, ce n'est pas seulement associer des signes ou des mots à des objets, ce que font certains animaux ; c'est aussi établir une relation avec un univers abstrait dans lequel un mot, quel qu'il soit, peut entretenir des relations avec des objets sans rapport entre eux ; c'est également une capacité de produire des discours originaux : pouvoir créer, pour soi et pour autrui, tout un ensemble de représentations grâce aux signes, là réside probablement la part spécifiquement humaine du langage.

II. LA RAPIDITÉ DES ACQUISITIONS

Si certains chimpanzés peuvent acquérir en plusieurs années un répertoire de quelques centaines de mots, c'est au prix d'un véritable dressage quotidien, dans lequel se relaient plusieurs éducateurs, et avec les limites que nous venons de présenter. La facilité de l'enfant à fixer un mot entendu une fois ne se retrouve pas chez le chimpanzé qui a besoin de nombreux entraînements et exercices pour y parvenir.

Rien de tel chez l'enfant. L'apprentissage de la langue maternelle n'a pas de caractère systématique : on imagine mal une mère donnant des leçons de langage quotidiennes à son enfant, en lui demandant de répéter après elle les mots qu'elle associerait aux objets présentés. Les résultats d'un tel enseignement seraient probablement désastreux, et on peut imaginer que l'enfant chercherait à développer rapidement d'autres moyens d'expression. Mais de fait, la question ne se pose pas, car l'enfant est un partenaire très actif dans la communication avec ses congénères, cherchant dès les premières semaines à établir une sorte de conversation avec l'adulte reconnu comme partenaire privilégié ; il le fait avec les moyens non verbaux (gestes, sourires, mimiques) à sa disposition et avec des moyens vocaux, par des gazouillis, des vocalises, puis des syllabes répétées, des approximations de mots, et enfin des mots reconnaissables, d'abord isolés puis rapidement combinés. Il manifeste très tôt une sorte d'appétit de langage (qui se gâte quelquefois des années plus tard…), tout comme il montre, dès les premières semaines de vie, un besoin de comprendre son environnement humain et physique.

Comparé à l'animal, l'enfant manifeste un intérêt inné pour le langage : pour lui, parler et communiquer correspondent à une motivation très forte, sauf cas pathologique ; en outre la facilité dans son apprentissage lui permet d'aller beaucoup plus vite et plus loin dans ses acquisitions. L'apprentissage de la langue maternelle, pourtant très complexe, prend seulement deux ou trois ans pour que l'enfant arrive à se faire comprendre verbalement, plus deux ou trois ans encore pour posséder les bases de la langue, à la fois du point de vue du lexique (le vocabulaire), de la syntaxe (les règles d'organisation des énoncés), et des principales fonctions du discours (ce que le langage peut exprimer). C'est peu, si l'on songe aux années nécessaires pour apprendre ultérieurement une langue seconde dans le cadre scolaire, qui sera rarement aussi bien maîtrisée que la langue maternelle, ou pour tenter d'exercer des fonctions importantes, telles qu'inspecteur des finances par exemple.

La langue maternelle a un statut multiple et complexe, puisqu'elle est à la fois objet d'apprentissage, vecteur de nombreux autres apprentissages, notamment dans le domaine scolaire et professionnel, support essentiel de l'expression personnelle et de la communication avec nos congénères.

La création de mots ou d'expressions nouvelles, le changement ou le renouvellement des significations, la création de métaphores, les jeux de mots, ce qui correspond à une prise de distance par rapport au langage, semblent rester le propre de l'homme.

III. LA LANGUE : UN SYSTÈME SPÉCIFIQUE

- lgage → SYSTÈME
* Saussure = lien arbitraire entre signe et référent

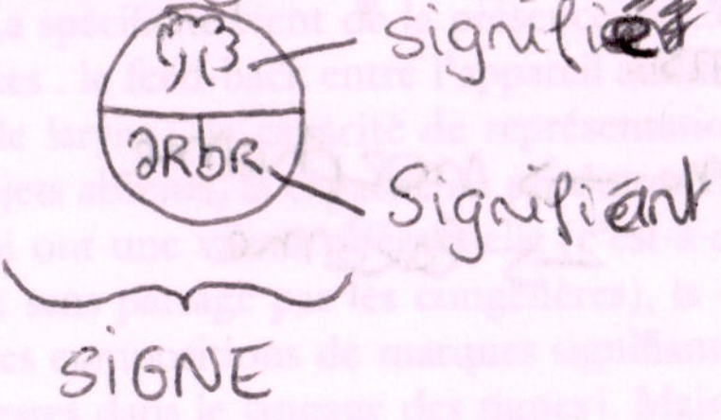

* Martinet = double articulat°
→ monèmes = peut pas ê décomposé (chaise)
unité les + petites → significat°

– c'est tout d'abord le caractère *arbitraire* du lien entre le *signe* et le référent ou signifié (ce qu'il désigne) ; désigner l'objet « table » par le mot « table » relève de l'arbitraire, alors qu'il existe une analogie entre le panneau routier indiquant un virage (c'est un *symbole* et non un signe) et le virage lui-même ;

– le langage humain est construit avec des éléments de deux types, et qui sont structurés de manière hiérarchisée ; c'est ce que le linguiste Martinet a appelé « la double articulation ».

La première articulation construit l'énoncé à partir des unités les plus petites correspondant à une signification (les *monèmes*) ; par exemple « chaise » est un monème parce qu'il ne peut être décomposé en signifiés distincts auxquels correspondraient des parties de ce mot ; en revanche « chantons » comporte deux monèmes : « chant » qui se retrouve dans « chant », « chanter » et « ons » que l'on retrouve dans « marchons » ou « dansons » pour indiquer une action réalisée par le locuteur et son (ou ses) interlocuteur(s).

La seconde articulation construit les monèmes à partir d'unités plus petites – les *phonèmes* – qui ne sont pas porteuses de sens, mais qui permettent d'établir des différences de sens ; par exemple pour « lampe » et « rampe », les sons correspondant à « l » et « r » sont des phonèmes.

En outre, on distingue deux catégories de monèmes. Reprenons l'exemple de « chant » : c'est un monème qui constitue la racine du mot ; seul ou associé au monème « er », il figure dans un dictionnaire, c'est-à-dire un ouvrage qui présente le *lexique* de la langue. Ces monèmes sont appelés des *lexèmes.* En français, les noms, verbes, adjectifs et la plupart des adverbes sont des lexèmes ; ils constituent une *classe ouverte*, c'est-à-dire que l'on peut en ajouter d'autres sans modifier le système de la langue. Dans « chantons », « ons » est aussi porteur de sens : il renseigne sur un aspect de la relation entre le locuteur et ceux à qui il s'adresse ; mais il ne prend son sens que par rapport à la racine, ici « chant ». Les monèmes de cette catégorie sont appelés *morphèmes* ; ils correspondent en français aux préfixes, suffixes, articles, pronoms, prépositions, conjonctions, etc. Ils constituent une *classe fermée*, car on ne peut en ajouter sans modifier la structure de la langue.

On peut ainsi remarquer qu'une langue est un système complexe, mais qui obéit à un remarquable principe d'économie : avec quelques dizaines de phonèmes, on peut construire quelques dizaines de milliers de monèmes.

Bien sûr, ces considérations n'ont que peu d'intérêt pour le petit d'homme qui vient de naître et qui va se confronter à toute l'élaboration nécessaire pour la compréhension et la production de sa langue maternelle...

IV. LES PRINCIPALES THÉORIES DU LANGAGE ET DE SON ACQUISITION

Les conceptions théoriques du langage et de son acquisition ont beaucoup évolué au cours du XXe siècle, depuis les idées béhavioristes selon lesquelles le langage était un comportement comme les autres, sans spécificité, et se développant sous l'effet de renforcements produits par l'entourage, jusqu'aux théories pragmatiques actuelles pour lesquelles apprendre à parler, c'est apprendre à agir sur autrui, dans des contextes de production spécifiques.

L'évolution est liée également à des conceptions générales du langage qui se sont modifiées :

– le langage, c'est du vocabulaire : on a tout d'abord décrit la taille et la composition du répertoire de mots compris et produits par les enfants à différents âges, et on a tenté de dégager des règles d'acquisition des significations ;

– le langage, c'est une certaine organisation des énoncés : on a tenté de comprendre les règles d'organisation des discours et les différentes étapes de leur acquisition par les enfants ;

– le langage, ou plutôt les conduites langagières, se réalise(nt) en actes qui créent des relations entre l'énonciateur (celui qui parle ou écrit), le destinataire et le contenu de ce qui est dit ou écrit ; on s'efforce alors de comprendre comment l'enfant va apprendre, d'abord sous forme non verbale, puis verbale, et avec l'aide de l'entourage, à agir au moyen du langage, en utilisant les règles de sa langue maternelle.

1. Les approches béhavioristes

Selon Reuchlin (1986), le comportement verbal est une variété de comportements ayant un effet sur l'environnement qui exerce en retour un effet sur le sujet ayant émis ce comportement ; par exemple, lorsque l'enfant dit « aba » pour obtenir un verre d'eau, cette production, à condition d'être comprise par l'adulte, va permettre à son auteur de recevoir la boisson désirée ; si cette production est régulièrement suivie du même renforcement (le fait d'apporter un verre d'eau à l'enfant), elle va acquérir une certaine force (une probabilité d'apparition). Ainsi, dans un premier temps, une approximation du mot ou de l'expression (« à boire ») va être renforcée par l'entourage, dès qu'elle apparaît, puis les adultes exigeront progressivement une expression de plus en plus proche des mots de la langue. Les productions de l'enfant qui ne sont pas renforcées par l'entourage finissent par disparaître.

Ces conceptions ont suscité de nombreux travaux en psychologie générale et en psychologie du développement. Les critiques qui leur ont été adressées portent sur le fait que la spécificité du langage parmi les autres comportements et l'activité interne du sujet ne sont que peu considérées.

2. Les approches inspirées de la linguistique de Chomsky

Les travaux de Noam Chomsky, linguiste américain, ont marqué un renouveau dans la linguistique et suscité de nombreux travaux et débats en psycholinguistique dans les années soixante. Selon lui,

> on peut envisager une grammaire, représentée d'une manière ou d'une autre dans l'esprit, comme un système qui spécifie les propriétés phonétiques, syntaxiques et sémantiques d'une classe infinie de phrases possibles.
>
> N. Chomsky, *Réflexions sur le langage*, Paris, Maspéro, 1979.

À partir d'un système fini de règles, le sujet peut comprendre et générer un nombre infini de phrases, sans les avoir entendues ou produites auparavant, ce qui correspond à une « gr

Théories sur le lgage :
→ c'ôté du vce
→ organisat des énoncés (règles)
→ se réalise en acte = relat entre énonciateur / destinataire et le contenu.

Reuchlin : comportmt verbal = 1 variété de compt ayant 1 effet sur l'envirnt exerçant en retour 1 effet sur le sujet ayant émis ce comportement.

traitement de l'information (ceci relèverait plutôt de la psychologie). Selon Chomsky, il existerait une grammaire universelle, une compétence de base, sous-jacente à toutes les langues, qui contiendrait des informations sur des *universaux du langage*, tels que : l'existence de phrases, de syntagmes nominaux et verbaux, l'existence de relations telles que sujet-verbe-objet. Grâce à des mécanismes d'amorçage, l'enfant, au fur et à mesure qu'il reçoit de énoncés verbaux et enregistre leurs caractéristiques morphologiques ou syntaxiques, identifie comme nom toute unité précédée d'un article ou prenant un « s » au pluriel (pour le cas de la langue anglaise) ; ou bien encore, il fait l'hypothèse qu'il existe un lien entre catégories syntaxiques et sémantiques, et aux catégories sémantiques agent-action-patient, il fait correspondre les catégories syntaxiques sujet-verbe-objet.

En psycholinguistique, les comparaisons interlangues mettent certes en évidence des invariants associés à la représentation des relations agent-action, de l'espace, du temps, de la causalité. Mais s'il existe des invariants cognitifs dans le développement du langage, chaque langue pose à l'enfant qui l'apprend de nombreux problèmes spécifiques, soulignés par Kail. Plusieurs facteurs rendent compte de ces différences :

> *La diversité lexicale.* Les langues diffèrent dans le nombre de termes dont elles disposent pour l'expression d'une notion particulière. L'anglais a de nombreux termes pour exprimer la proximité (*beside*, *by*, *next*, *near*, *close to*), alors que le turc n'en a qu'un (*yaninda*). La diversité lexicale semble être un facteur qui retarde l'acquisition des termes [...] En effet, si les termes se recouvrent, l'enfant peut être amené à rechercher des différences entre eux sur la base d'hypothèses erronées, confusion qui ne se produit pas s'il y a un appariement simple entre la notion et le terme linguistique.
> *La clarté de l'étymologie.* Certains termes sont transparents du point de vue des déterminations et de leur signification. Ainsi, en anglais, *back* (derrière) désigne une partie du corps (dos), alors que *between* (entre) est sémantiquement opaque pour l'enfant. En turc, toutes les postpositions locatives sont claires du point de vue de leur étymologie (localisation pertinente, points de référence).
> *La complexité morphologique.* Ce facteur permet d'opposer des expressions simples comme *dans*, à des expressions composées comme *en dessous de*, et constitue une source de différence entre langues.
>
> M. Kail, « Les universaux et les particularités du langage », dans *Le Courrier du CNRS*, 1985, pp. 21-25.

Kail cite également comme facteurs des différences : *la place de l'apposition* – préposition ou postposition – la seconde étant plus facilement mémorisée que la première, pour des raisons de capacité de la mémoire immédiate ; *la lexicalisation des fonctions nouvelles*, correspondant aux stratégies différentes d'utilisation de termes nouveaux, liées à la langue considérée.

Mais l'analyse de la performance par Chomsky relève davantage de conditions idéales que des conditions réelles de production du discours : le discours spontané auquel le jeune enfant est confronté pour l'apprentissage de sa langue comporte de nombreuses irrégularités syntaxiques, des faux départs, hésitations, des phrases sans verbe ou inachevées, etc., ce qui n'empêche pas l'enfant d'en dégager la signification. Le modèle de Chomsky ne considère pas ces irrégularités et l'activité du sujet. Un système formel de descriptions des règles de la langue ne rend pas compte des processus psychologiques de traitement du langage, ni de la manière dont la structure de la langue à acquérir peut les affecter.

3. Les théories cognitives actuelles

À partir des années quatre-vingt, un certain nombre de chercheurs, dans la lignée des travaux de Chomsky, ont défendu l'idée d'un langage autonome, d'un *module* indépendant du reste de la vie mentale. Les théories *modularistes* font du traitement du langage un système indépendant du reste de la vie mentale, spécialisé dans le traitement de données verbales et imperméable aux autres types de données (connaissances, éléments de contexte, etc.) et à tout contrôle central, d'où la rapidité de son fonctionnement. Cette perspective a servi de base aux modèles informatiques de traitement du langage, ainsi qu'à de nombreux travaux sur l'accès au lexique permettant de dégager des traitements séquentiels du mot (le traitement de la forme, puis celui de la signification, etc.). Elle a permis également de distinguer processus automatiques et contrôlés dans le traitement de l'information. Bien des activités seraient ainsi automatisées chez l'adulte ou l'expert (d'où une rapidité de traitement), alors qu'elles seraient contrôlées chez l'enfant ou le novice (d'où une nécessité d'efforts, une lenteur et un certain coût cognitif, par exemple lors de l'apprentissage de la lecture).

Pour d'autres chercheurs développant des modèles *connexionnistes*, le traitement du langage n'est qu'un aspect du fonctionnement mental général. Il correspond à un processeur spécialisé parmi d'autres qui constituent un réseau de connexions nombreuses fonctionnant en parallèle. La référence est ici le fonctionnement du cerveau et de ses réseaux neuronaux, sans que la correspondance soit encore véritablement établie.

Les travaux de neuropsychologie cognitive permettent d'aborder plus précisément ces correspondances, grâce aux nouvelles techniques d'imagerie cérébrale, qui permettent d'étudier les variations de l'activité corticale lors de tâches langagières telles que lire des mots, comprendre une phrase, etc. Mais à l'heure actuelle, ce sont surtout les approches comparatives des dysfonctionnements (patients cérébraux-lésés) qui ont été utilisées, davantage que les comparaisons développementales.

4. Interactionnisme et pragmatique

- **Les perspectives interactionnistes**

Tout adulte se doute que l'enfant n'apprend pas à parler tout seul, mais ce qui peut paraître une évidence n'a été véritablement étudié qu'à partir des années soixante-dix, lorsqu'on a commencé à s'intéresser aux premiers échanges entre les mères et leurs enfants.

Certes, les conceptions sociales du langage avaient largement été développées dans la psychologie soviétique des années trente (Bakhtine, Vygotsky) et dans les années cinquante aux États-Unis (notamment par le groupe de psychiatres et d'anthropologues de Palo Alto, près de San Francisco).

À la base de ces travaux se trouve la notion d'interaction : toute action conjointe mettant en présence au moins deux acteurs, chacun d'eux modifiant son comportement en fonction des réactions de l'autre.

Selon Vygotsky, l'individu est le résultat de ses rapports sociaux et il s'agit de comprendre comment l'interaction entre l'enfant et son environnement constitue le moteur de l'acquisition du langage, comment les adultes experts aident au développement des compétences de l'enfant novice, en guidant son activité de manière à lui permettre de réaliser de manière autonome ce qu'il a d'abord pu effectuer avec l'aide de l'adulte. La différence, entre le niveau de résolution de problèmes avec l'aide de l'adulte et celui atteint seul, définit la « zone proximale de développement », celle dans laquelle l'éducation est efficace ; en dessous, l'enfant n'apprend rien qu'il ne connaisse déjà ; au-dessus, les exigences de la tâche sont trop élevées par rapport à ce que l'enfant peut apprendre. Ces conceptions ont été reprises par le psychologue américain Bruner qui a étudié plus particulièrement comment les parents apprennent à parler à leur enfant dans le cadre des interactions de tutelle, en développant des « conduites d'étayage » pour soutenir et stimuler les comportements du tout-petit, et l'aider à comprendre le but à atteindre et les moyens d'y parvenir. Pêcheux décrit ainsi la relation qui s'établit :

> Pour que le bébé apprenne le lien entre son propre comportement et celui de ses parents, il faut, sinon qu'il produise le premier, du moins qu'il en détecte l'existence. S'agissant des liens très ténus qui, lors d'une interaction autour d'objets, déclenchent les réactions parentales – un regard, un geste, un soupir – on peut [...] imaginer [...] que le parent saisit au vol une occasion d'apporter du nouveau, il formule une demande et y répond en même temps. Certes, il ne formule pas n'importe quelle demande, mais une demande qui se situe dans la Zone Proximale de Développement, et c'est en ce sens que son comportement est ajusté.
> On peut alors franchir un nouveau pas, et considérer que, dans une telle interprétation, stimulation et ajustement se rejoignent : l'intervention parentale est une stimulation, puisqu'elle pousse l'enfant à faire plus qu'il ne ferait seul ; mais pour parvenir à cette fin elle doit se situer à un niveau d'exigence cohérent avec les capacités de l'enfant, et donc s'ajuster à ces capacités.
>
> M.-G. Pêcheux, dans R. Lécuyer, M.-G. Pêcheux et A. Streri, *Le Développement cognitif du nourrisson*, tome 1, 1994, p. 59.

- **La pragmatique du langage**

Les travaux de pragmatique, inspirés de la linguistique et de la philosophie du langage, sont centrés sur la fonction de communication du langage : tout énoncé est un acte qui crée des relations nouvelles entre celui qui parle ou écrit (l'énonciateur), son interlocuteur et le contenu de l'énoncé : connivence, échanges d'informations, construction d'argumentations, etc. Tout acte de langage nécessite une sélection des mots et de leur organisation ; il aura des conséquences, prévisibles ou non, telles que convaincre, rassurer, informer, etc. ; il assure une certaine fonction de communication, qui peut être différente de celle induite d'après les règles de la langue : « Peux-tu ouvrir la fenêtre ? » n'est pas une demande d'information, mais une demande d'action, que, par politesse, je n'exprime pas sous la forme d'un ordre. Cette approche permet de distinguer ce qui est dit et ce que cela veut dire : la forme du message et la signification transmise. Elle permet de rendre compte également du fait que « la signification d'un énoncé ne peut se définir complètement qu'en référence à ses conditions d'utilisation » (Caron, 1992, p. 176). Trois aspects de ces conditions d'utilisation peuvent être considérés :

– un énoncé est produit dans une certaine *situation* et il comporte un ensemble de repérages par rapport à celle-ci ; par exemple, « Viens ici » ou « Je passerai demain » ne se comprennent que par référence à la situation particulière où ils sont énoncés ;

– l'énoncé met en jeu des *sujets énonciateurs* qui entretiennent certaines relations entre eux (amicales, d'autorité, etc.) et avec l'énoncé (certitude, croyance, etc.) et vont les signifier dans l'énoncé lui-même ;

– la production de l'énoncé correspond à une certaine *intention* (convaincre, informer, etc.) et vise un certain but.

Dès lors, on est conduit à considérer que l'enfant qui apprend sa langue maternelle n'apprend pas seulement du vocabulaire ou des règles de syntaxe et d'organisation du discours ; il développe aussi des stratégies pour traiter l'information verbale, en automatisant progressivement des procédures de traitement. Si un substrat neurologique est évidemment indispensable pour de telles activités cognitives, le rôle de l'entourage doit également être considéré, en ce qu'il guide l'activité de l'enfant dans sa découverte et sa maîtrise progressive de la langue maternelle. Cette maîtrise est aussi celle de normes d'usage, conformes à celles de sa communauté linguistique et culturelle. Plus que d'apprendre le langage, il s'agit pour l'enfant de développer un répertoire de conduites langagières, adaptées aux caractéristiques des situations rencontrées :

> Une conduite langagière correspondrait à un modèle local de fonctionnement langagier, et donc d'acquisition du langage ; la tâche globale à laquelle l'enfant serait ainsi confronté dans son développement consisterait à construire un répertoire de conduites langagières, adaptées aux situations de discours qu'il rencontre. Le prototype initial de ces conduites serait celle de dialogue, à partir de laquelle les autres se différencieraient par spécification progressive des paramètres situationnels proposés à l'enfant. Les formes linguistiques utilisées par l'enfant

prendraient donc initialement leur sens dans ces conduites langagières, et en tant que système : une même marque pourrait ainsi se voir attribuer une fonction différente selon la conduite langagière dans laquelle elle prend place, sa signification étant en partie déterminée par sa place dans l'ensemble des marques mises en jeu dans la conduite en question.

Le niveau de développement langagier atteint à un moment donné se caractériserait donc par le nombre de conduites langagières disponibles et leurs degrés respectifs de maîtrise.

E. Espéret, « De l'acquisition du langage à la construction des conduites langagières », dans G. Netchine-Grynberg (éd.), *Développement et fonctionnement cognitifs chez l'enfant*, Paris, PUF, 1990.

Chapitre 2

Les débuts du langage

Pour beaucoup de personnes, le langage commence avec les premiers mots, c'est-à-dire vers la fin de la première année. Or les mois qui précèdent sont riches d'apprentissages et de communications tout à fait essentiels dans la suite du développement langagier.

Au cours de la première année, les enfants apprennent à communiquer avec leur entourage, ils développent leur compréhension du monde et du langage oral et commencent à s'exprimer vocalement, par divers sons ou séquences sonores, puis par des approximations de mots, avant les mots proprement dits. Le répertoire va se développer à partir de la deuxième année, lentement tout d'abord pour les cinquante premiers mots, puis sous forme d'explosion verbale. Mais, avant même de venir au monde, les enfants ont déjà des capacités à identifier certaines caractéristiques de la langue.

I. LES ACQUIS DE LA VIE FŒTALE

1. Je ne dis rien, mais j'entends tout !

Pendant les derniers mois de la vie fœtale, le cerveau humain est extrêmement développé : la création des neurones corticaux (les cellules nerveuses) a lieu avant la dix-huitième semaine de gestation ; peu de neurones seront créés ensuite et leur perte commence dès la naissance, tandis que se développe un prodigieux réseau de connexions entre eux, qu'on appelle des synapses. La densité synaptique, c'est-à-dire le nombre de liaisons entre les neurones, est maximale vers 8-10 mois, se stabilise ensuite et commence à décroître dès la troisième année. Le développement cognitif correspond donc à une élimination de neurones et à une réorganisation de leurs liaisons.

L'appareil auditif est fonctionnel dès la vingt-cinquième semaine de gestation ; dix semaines plus tard, le niveau d'audition du fœtus est assez proche de celui des adultes : le bébé est en mesure de percevoir non seulement les bruits physiologiques émis par le corps de sa mère, mais aussi certains bruits du monde environnant, dont la parole humaine. Installé dans la poche du liquide amniotique, il perçoit la voix maternelle et les autres voix environnantes dans un bruit de fond constitué des respirations, des battements du cœur et des bruits de l'appareil digestif maternel. La voix maternelle est probablement mieux perçue que les autres, parce qu'elle l'est doublement, si l'on peut dire : par voie aérienne et par voie interne.

Les capacités prénatales de perception de la parole humaine ont fait l'objet de nombreuses explorations au cours des dernières années en utilisant les réponses motrices et surtout cardiaques du fœtus lorsqu'on lui présente des sons. On installe pour cela un haut-parleur à quelques centimètres au-dessus de l'abdomen de la mère, celle-ci étant elle-même équipée d'un casque à écouteurs qui diffuse un programme musical : il faut en effet s'assurer qu'elle n'entende pas la même chose que le fœtus, afin d'éviter qu'il réagisse aux réactions de sa mère à l'écoute des sons envoyés à hauteur de l'abdomen maternel. La technique couramment utilisée, comme avec le bébé, est celle de l'habituation. On fait entendre un son ou un groupe de sons au fœtus de manière répétitive, après avoir enregistré son rythme cardiaque normal ; au début le fœtus manifeste une réaction d'éveil qui peut se traduire par un ralentissement ou une accélération du rythme cardiaque, ou des mouvements perceptibles. Puis le rythme cardiaque revient à son niveau initial : on dit que le fœtus s'habitue. On fait alors entendre un autre son ou groupe de sons ; si un changement de rythme cardiaque se produit, on considère que le fœtus a perçu la différence.

Lecanuet (dans Pouthas et Jouen, 1993) a ainsi pu montrer que des fœtus de 36 à 40 semaines distinguent des groupes de deux syllabes comme babi/biba ou des phrases comme

« le rat poursuit la souris » et « le chat poursuit la souris ». Bien sûr, rien n'indique que le fœtus reconnaît ces séquences sonores ou qu'il comprend des phrases. Il réagit seulement à un changement dans une séquence sonore : il perçoit une nouveauté. De même, les fœtus manifestent une préférence pour un texte déjà entendu par rapport à un texte nouveau : ceci a été démontré en habituant des fœtus à un poème lu par la mère pendant la grossesse, puis en leur faisant entendre ce texte et un autre, les deux étant lus par une autre femme.

2. La mémoire des nouveau-nés

On s'est également intéressé à la mémoire des nouveau-nés, pour savoir s'ils retrouvaient trace de leurs expériences prénatales. La technique utilisée est ici celle de la succion non nutritive, car il s'agit d'un comportement bien maîtrisé dès la naissance et vital pour le bébé : une tétine est reliée à un ordinateur, et on enregistre l'amplitude des mouvements de succion spontanés, ce qui correspond à une « ligne de base » ; puis on mesure les variations du rythme de succion du bébé à l'audition d'une séquence sonore : l'habituation correspond à un tracé proche de la ligne de base, la perception de la nouveauté se traduit par une accélération du rythme ou une augmentation de l'amplitude des mouvements de succion. On a pu montrer ainsi qu'un nouveau-né préfère la voix de sa mère à celle d'une autre femme, et préfère sa langue maternelle à une autre langue. Les nouveau-nés sont également sensibles à l'intonation de la voix humaine et préfèrent une intonation habituelle – lorsque leur mère lit un texte normalement – à une intonation inhabituelle — lorsqu'elle lit un texte à l'envers. Ils discriminent mieux les sons lorsque des phrases sont lues par une femme supposée s'adresser à un jeune enfant (en accentuant l'intonation sur certains mots) que lorsqu'elle est censée parler à un adulte.

Bien sûr, ces expériences se font toujours par enregistrements sonores des voix humaines, et non pas en présence des personnes correspondantes, afin d'être sûr que le bébé réagit bien aux caractéristiques sonores et pas à d'autres aspects.

II. L'APPRENTISSAGE DE LA COMMUNICATION

1. Pas besoin des mots pour communiquer

Dès sa naissance, le bébé se trouve au contact d'êtres humains qui établissent un contact corporel et visuel avec lui et qui lui parlent. Lui-même crie à la naissance, sauf pathologie grave, dès l'expérience de la respiration aérienne ; dans les semaines suivantes, sa production vocale est assez limitée, surtout liée à ses états physiologiques (pleurs, rots). Les premières vocalises apparaissent vers 2 mois (agueu, arrheu), et seulement en position couchée.

Si ces deux mois paraissent relativement pauvres du point de vue de la production de la parole et dépendants de la physiologie de l'appareil vocal, ils sont en revanche beaucoup plus riches quant à la communication.

Le nourrisson est très attentif aux personnes qui s'approchent de lui, il les regarde intensément, il les écoute et suit les mouvements des lèvres. Il est d'ailleurs capable d'imiter l'ouverture de la bouche et même de vous tirer la langue, sans pour autant vouloir vous manquer de respect, comme s'en est aperçu le psychologue français René Zazzo à la naissance de son propre fils dans les années quarante, observation maintes fois répétée depuis. Lorsqu'il ouvrait largement la bouche en tirant la langue, face à son fils nouveau-né, ce dernier reproduisait la mimique, et à plusieurs reprises. Alors R. Zazzo demanda à ses collaboratrices de répéter cet essai, et elles se mirent ainsi à tirer la langue à tous les bébés avec lesquels elles étaient en contact, avec le même résultat : les bébés leur tiraient la langue eux aussi. Cette observation fut ainsi répétée, mais ne donna pas lieu à publication, car elle ne cadrait pas avec les conceptions de l'époque, notamment celles du psychologue genevois Jean Piaget, selon lesquelles le développement cognitif ne permet l'imitation qu'à partir de l'âge de 2-3 ans. Quelques dizaines d'années plus tard, des Américains publièrent l'observation qu'ils avaient eux aussi répliquée.

Cette imitation de la protusion de la langue participe d'un ensemble de mouvements du nouveau-né effectués en synchronie avec les mouvements et la parole de la personne qui s'occupe de lui, en situation de face-à-face, et qu'on a appelé la « danse motrice synchronique du nourrisson ». Il s'agit de mouvements d'approche et de retrait ou de mouvements des doigts au rythme de la parole humaine et des mimiques de l'interlocuteur. De son côté, la mère ou la personne qui s'occupe du bébé règle son propre comportement de communication en se fondant sur les mouvements de la tête et des yeux du bébé : elle accentue ses mimiques lorsqu'il la regarde et elle cesse de lui parler s'il détourne son regard. On peut penser que ces retraits du regard permettent au bébé de contrôler la quantité de discours qui lui est adressé et de marquer des pauses avant de se rendre à nouveau disponible à une écoute et au traitement de l'information.

Le nourrisson est très attentif aux visages, il tourne la tête vers une personne qui entre dans la pièce et peut ainsi établir un contact visuel avec elle, ce qui facilite l'interaction.

2. Comment agir sur autrui...

S'il ne dispose guère d'expressions variées au début de sa vie, il apprend néanmoins très vite que ses cris et ses pleurs, émis tout d'abord sous l'effet de besoins physiologiques, sont un moyen puissant d'agir sur autrui : ils provoquent généralement l'arrivée de l'adulte et toutes sortes de choses gratifiantes, telles qu'être nourri, changé, dorloté. Il a déjà appris, à quelques jours de vie, la fonction instrumentale des émissions sonores qui se traduira ultérieurement par des moyens vocaux, puis verbaux de plus en plus sophistiqués (pointage du doigt vers l'objet désiré, accompagné de vocalises... « Veux ça ! »... « T'as vu comme il a l'air bon le gâteau ! »..., etc.). Les heureux parents découvriront vite eux-mêmes la subtilité des moyens utilisés par leur petit chéri pour parvenir à obtenir ce qu'il désire...

À 2 mois, le nourrisson a reconnu en l'adulte un partenaire privilégié et il vocalise davantage en sa présence qu'en son absence. Dès le troisième ou quatrième mois, les échanges entre la mère et l'enfant sont structurés dans le temps et les font ressembler à une sorte de conversation : les deux partenaires ne vocalisent plus simultanément, mais à tour de rôle, ménageant des pauses qui laissent à l'autre le temps d'émettre sa réponse. Il s'agit là d'une première acquisition de la notion de tour de parole : faire en sorte d'établir et de favoriser le contact interpersonnel en prenant son tour.

Si dans les premiers mois, c'est évidemment l'adulte qui a l'initiative de cette communication, il apparaît très vite que l'enfant y est également actif (par ses mouvements, ses regards, puis ses sourires vers 2 mois) et qu'il va progressivement susciter lui-même les interactions.

III. LA PERCEPTION DU LANGAGE ORAL

La perception du langage s'affine jusqu'à 5 mois : les bébés peuvent catégoriser des sons (reconnaître leur similitude malgré leurs différences) malgré des variations d'intonation ; ils peuvent détecter des changements dans des schémas d'intonation et reconnaître une syllabe dans des énoncés différents. Ils peuvent également reconnaître leur prénom parmi d'autres, comme l'indique Bénédicte de Boysson-Bardies :

> Le nom de l'enfant est souvent prononcé quand les parents le câlinent ou jouent avec lui. Cette forme sonore, qui revient souvent avec des sensations de bien-être personnel, acquiert-elle valeur de signal particulier ? L'enfant peut-il reconnaître la manière de dire son prénom ? Mandel, Jusczyk et Pisoni ont cherché à savoir si le prénom avait un statut spécial pour des bébés de quatre mois et demi. [...] Deux haut-parleurs sont placés de part et d'autre d'un bébé. Au-dessus de chaque haut-parleur, une petite lumière. Aussi longtemps que l'enfant oriente son regard vers l'une des lumières, un stimulus sonore (son prénom d'une part, trois autres prénoms dits sur le même ton d'autre part) est joué par le haut-parleur correspondant. Les temps cumulés d'écoute – ou plus exactement de regard vers les sources – indiquent la préférence de l'enfant pour l'un ou l'autre stimulus.
>
> Il s'avère que le bébé est plus attentif à l'écoute de son prénom qu'à celle des prénoms de ses petits copains. Le prénom est donc un signal reconnu. Cependant, dire qu'il est un signal pour le bébé de quatre mois n'implique pas que celui-ci peut relier des schémas sonores à des sens. Les chiens reconnaissent leur nom, celui-ci est pour eux un signal comme l'est la vue de leur laisse ou celle de leur maître mettant son manteau. Pour le chien comme pour le bébé, les noms ou prénoms sont des signaux sonores éveillant l'attention dans une ou des

situations particulières. Le bébé de quatre mois réagit à son prénom, sans pour autant se rendre compte que les formes sonores ont pour fonction de faire référence.

B. de Boysson-Bardies, *Comment la parole vient aux enfants*, 1996, pp. 40-41.

À 7 mois, ils manifestent une préférence nette pour le *motherese*, c'est-à-dire le langage adressé aux enfants (LAE), avec des caractéristiques spécifiques d'adaptation, comme la modulation de la prosodie : rythme de la parole, tempo, accent et intonation sont modifiés. Ils peuvent aussi établir des correspondances entre des voyelles et des mouvements de la bouche et s'étonner lorsque le son et le mouvement ne correspondent pas.

Entre 7 et 10 mois, les bébés commencent à comprendre des mots : ils agitent les mains en entendant « au revoir » ou « bravo » ; ils se retiennent de prendre un objet si on leur dit « chut ». Cette compréhension apparaît toujours dans des contextes précis, avec l'aide de l'intonation de l'adulte, très marquée dans les encouragements ou les interdictions. L'enfant s'aide aussi des indices non verbaux qu'il met en correspondance avec les verbalisations : dire « au revoir » accompagne le départ et l'éloignement d'une personne, l'annonce de la promenade correspond à la recherche de vêtements pour sortir, etc. Rien n'indique qu'à cet âge, l'enfant comprend le sens des mots en dehors de leur contexte d'apparition le plus fréquent.

À 10 mois, il détecte les frontières de syntagmes et il peut reconnaître des mots à l'intérieur de phrases.

À la fin de la première année, il détecte les frontières des mots ; il comprend environ 30 mots en contexte et commence à reconnaître des mots connus en dehors du contexte, tels que : biberon, chaussure, chapeau, gâteau, lapin, ballon (Boysson-Bardies, 1996, expérience avec des bébés francophones).

…nt à rire et à …a… t et en fer- …s « arrheu » et …abord le fait du …ers 5 mois : c'est le Les bébés s'exercent …ces et à varier les into- …abillage, c'est-à-dire des …nance de consonnes et de …emé). Ces productions cor- …progressive des formes phoné- …opres à la langue maternelle : en …ponais, anglais ou danois ne babil- …n, et progressivement, il devient pos- …e les discriminer, à l'audition.

…ERS MOTS

…ge ?

… mois ou un peu plus tard, les enfants commencent …ire des séquences sonores suffisamment proches des …, et ce dans des contextes particuliers : par exemple …ama » lorsque la mère donne le repas, ou « papa » en ten- …ant les bras vers le père. Cette étape, vigoureusement encouragée par des parents prompts à reconnaître ces premiers mots, surtout lorsqu'ils les désignent eux-mêmes, correspond à l'utilisation des formes phonétiques conventionnelles à l'intérieur de la communauté linguistique, souvent sous forme de répétitions d'une même syllabe. Mais le fait qu'ils utilisent des mots de l'adulte ne signifie pas qu'ils leur donnent la même signification. Par exemple, il est difficile de savoir si le fait de dire « mama » au moment de la présentation de la nourriture évoque la mère ou le fait de manger… C'est souvent l'adulte, qui, en verbalisant ses interprétations, va donner sens à la production de l'enfant et stabiliser ces formes phonétiques associées à des personnes, des objets ou des événements.

2. Les cinquante premiers mots

L'âge d'apparition des premiers mots, le [illegible] pement du lexique varient beaucoup selo[illegible] milieu culturel et social, leur rang dans la [illegible] pérament aussi… Et ce que les adultes sont [illegible] comme mots. L'accroissement du premier [illegible] assez lent et on considère qu'il faut cinq ou s[illegible] de l'émission du premier mot pour atteindre [illegible] de cinquante mots. Un retard relatif dans la p[illegible] mots, ou une avance particulière ne permetten[illegible] une prédiction sur l'intelligence de l'enfant ou [illegible] scolaire. Il n'y a pas de lien direct non plus entre [illegible] répertoire compris et celle du répertoire produit [illegible] une certaine dissociation entre les deux ; toutefois, l[illegible] compris (ou vocabulaire passif) est plus étendu que c[illegible] duit par l'enfant (vocabulaire actif), dès les premières [illegible] du développement et jusqu'à l'âge adulte. En revanche[illegible] important de noter que les problèmes de comprée[illegible] doivent toujours être pris en compte et attirer l'attention [illegible] éducateurs, et en premier lieu des parents.

De quoi est composé ce premier vocabulaire, fait de mo[illegible] isolés ? Surtout de noms désignant des personnes proches e[illegible] des objets familiers, de certains termes sociaux (coucou, allô, au revoir), quelques adverbes (encore) et moins fréquemment de verbes et d'adjectifs. Il est en effet plus facile à l'enfant d'associer le nom à un objet qu'il manipule ou à une personne présente, que d'utiliser le verbe qui suppose une compréhension des phrases. Mais c'est affaire de style personnel et aussi d'environnement linguistique !

3. Enfants référentiels, enfants expressifs

Dans une recherche célèbre réalisée aux États-Unis, Katherine Nelson a examiné le vocabulaire des cinquante premiers mots acquis par dix-huit enfants au cours de leur deuxième année. Certains enfants, qualifiés de « référentiels » ont dans leur répertoire initial surtout des noms d'objets, des noms propres, verbes et adjectifs, alors que d'autres, appelés « expressifs », ont un vocabulaire plus diversifié, avec un grand nombre de pronoms, de formules sociales (va-t-en, veux ça, arrête ça) et de mots fonctionnels.

Nelson considère que les enfants « référentiels » apprennent d'abord à parler des choses, alors que les « expressifs » sont d'abord intéressés à parler d'eux-mêmes, des autres et des relations interpersonnelles. À la fin de l'observation, alors qu'il semble que les premiers apprennent surtout des mots isolés et les seconds des petites phrases, les deux groupes se rejoignent et sont à la fois référentiels et expressifs. Nelson considère que les enfants peuvent utiliser deux voies d'acquisition du langage, l'une donnant la priorité au lexique et la seconde à la syntaxe, ce qui correspond à des différences précoces de styles cognitifs.

4. Premières expériences conversationnelles et style individuel

Prolongeant ces travaux, Nelson compare des enfants « nominaux » (qui utilisent plus de noms que de pronoms) et des enfants « pronominaux » (dans lequel le rapport est inverse) : elle constate que dénommer un objet ou en décrire les propriétés est plus fréquent chez les premiers, alors que les seconds s'attachent davantage à établir et à maintenir le contact avec leurs partenaires, à décrire leurs propres actions ou sensations. Ceci indique que les styles d'acquisition ne correspondent pas tant à des préférences pour certaines classes formelles de mots qu'à un intérêt pour des fonctions différentes du langage : les expériences fournies par l'entourage, le tempérament de chacun font que certains enfants considèrent le langage essentiellement comme un moyen d'expression cognitif et référentiel, une mise en mots des éléments de l'environnement physique et humain (et on sait combien un questionnement pertinent de l'adulte peut y contribuer) ; d'autres enfants considèrent plutôt le langage comme un moyen d'expression utile pour les échanges sociaux et le contrôle social (« Fais ceci », « Ne fais pas cela »).

D'autres expériences de Nelson ont confirmé l'hypothèse d'une analogie entre le langage maternel auquel l'enfant est exposé et celui qu'il acquiert, en comparant les taux de noms dans le langage des deux partenaires.

5. Culture et premier vocabulaire : de quoi parlent les bébés de pays différents ?

Puisque l'enfant commence par mettre en mots des éléments familiers, des situations rencontrées fréquemment, et que l'environnement joue un rôle dans la composition du premier vocabulaire, on peut s'attendre à ce que celui-ci varie selon les pays. Les observations de Bénédicte de Boysson-Bardies (1996) le confirment. Les bébés de grandes villes (Paris, Stockholm, San Francisco, Tokyo), qu'elle a examinés avec plusieurs collègues, désignent tous les personnes qui s'occupent d'eux (le père, la mère, souvent la grand-mère), les objets nécessaires à leur « survie » (nourriture, boissons, ustensiles pour boire et manger), les vêtements pour la promenade, certains objets de la maison, notamment ceux qui font du bruit (téléphone), et ce qui roule et se déplace (auto, train). Ils manifestent aussi une grande attention aux animaux et aux sons qu'ils produisent (le « wouah-wouah », le « coin-coin »). On peut ajouter le jeu de cache-cache (premier au top des jeux de bébés dans toutes les cultures !), désigné par un terme spécifique dans toutes les langues (« coucou » en français), et les termes pour dire « bonjour », « au revoir ».

La structure de la langue parlée et le marquage culturel ont déjà des effets, comme l'indique B. de Boysson-Bardies.

• Les petits Américains ont une proportion plus élevée de noms dans leur vocabulaire (75 %) ; ceux qui en ont le moins sont les petits Japonais (51 %), les bébés français et suédois occupant une position intermédiaire.

• Les bébés français utilisent plus souvent que les autres les termes se rapportant à la nourriture (15 % de leur production contre 4 à 6 % pour les autres groupes), ainsi que les mots désignant des vêtements, et ils ont une propension remarquable à dire « encore », qui ne se trouve ni chez les Suédois, ni chez les Américains. Comme les Suédois, ils semblent moins sociables, du point de vue de leur vocabulaire, que les Japonais et les Américains.

• Les petits Américains nomment souvent les personnes qui les entourent ou des personnages célèbres ; 15 % de leurs productions sont des termes de bienvenue et certains ont déjà le terme *money* dans leur répertoire lorsqu'ils voient des pièces de monnaie !

• Les Japonais révèlent des tendances esthétiques ou écologiques précoces en dénommant des éléments de la nature plutôt que des objets de la maison : pluie, nuage, feuille, soleil, lune... Ils sont déjà très intéressés par la relation à autrui : ce sont eux qui utilisent le plus de termes sociaux et de politesse (bonjour, hello, je vous en prie, merci, serrons-nous les mains). Ils utilisent aussi beaucoup plus d'onomatopées, tout comme les adultes japonais, pour exprimer des sensations physiques, visuelles, auditives, ou des sentiments.

B. de Boysson-Bardies note que dans ce premier répertoire, seulement 12 % des mots sont communs aux différents groupes d'enfants et que, par ailleurs, 30 à 40 % des mots sont communs à au moins deux enfants d'un même groupe ; elle conclut que « les préférences individuelles sont donc un moins grand facteur de variabilité que l'appartenance à un groupe linguistique et culturel » (*ibid.*, p. 215).

VI. COMMENT DÉCOUVRIR LE SENS DES MOTS ?

Imaginons un bébé et des personnes qui parlent près de lui : comment peut-il découvrir le sens des mots ? Il lui faut d'abord découper des unités dans le discours entendu ; il faut aussi se représenter le monde environnant et les unités qui le constituent ; il faut enfin élaborer des hypothèses sur le sens des mots, et que ces hypothèses se vérifient un certain nombre de fois...

1. Segmenter la chaîne verbale

La première tâche consiste à repérer des unités dans la chaîne verbale, à segmenter le discours, alors qu'il n'y a pas toujours de pauses entre les mots, comme dans un texte écrit. Il est vrai que certains mots apparaissent quelquefois isolés dans le discours maternel, ce qui permet au bébé de les repérer. En fait, le tout-petit se fonde sur les variations de rythme et d'intonation dans la parole, sur les allongements et les raccourcissements de la durée des voyelles et des consonnes aux frontières entre des unités de sens, sur les variations d'intensité, notamment dans les langues à accent. En français, les frontières entre les mots sont marquées par un allongement des dernières syllabes, et on élève l'intonation à la fin du syntagme nominal (groupe du nom). La régularité de certaines terminaisons de mots dans la langue est également une aide à la segmentation. De nombreuses expériences montrent que les bébés sont sensibles à ces différents éléments prosodiques ; progressivement, ils vont réagir de manière sélective aux caractéristiques phonologiques de leur langue maternelle.

2. Découper et organiser le monde

Mais découvrir le sens des mots ne suppose pas seulement un repérage de type phonologique ; il faut encore découper le monde environnant en unités et en catégories, séparer les objets des actions, et concevoir que les objets ont des limites (la cuillère et l'assiette sont deux objets distincts, et ils servent à manger), afin de le mettre en correspondance avec des séquences sonores.

Les travaux récents sur les compétences des bébés montrent que ceux-ci ont des connaissances sur la physique des objets (ils s'attendent à ce qu'un objet disparu d'un côté de l'écran réapparaisse de l'autre en fonction de sa trajectoire, et montrent leur surprise si ce n'est pas le cas), sur le caractère inanimé ou animé des choses (ils s'attendent à ce que les uns et les autres bougent différemment), ou sur les propriétés des êtres humains (une personne n'a qu'un visage : ils s'étonnent d'en découvrir plusieurs à leur mère, lors d'une expérience avec un jeu de miroirs ; la voix sort de la bouche : ils sont surpris si elle leur parvient décalée), etc.

L'adulte peut bien sûr aider l'enfant dans ce découpage et cette organisation du monde, en montrant du doigt tout en parlant, en touchant les objets, en mimant, etc. Mais c'est toujours à l'enfant qu'il revient de traiter l'information, de l'intégrer et de deviner le sens des mots.

3. Les hypothèses des enfants sur les mots

Les recherches des vingt dernières années sur le lexique révèlent l'existence de stratégies enfantines pour découvrir le sens des mots et permettent de dégager certains principes lexicaux pouvant expliquer le développement du vocabulaire. Pour mettre en évidence l'existence de ces principes, on utilise en général le même paradigme (dispositif) expérimental : une tâche d'apprentissage de mots à partir d'objets ou d'items imagés. Quatre principes lexicaux sont plus particulièrement considérés : le phénomène de surextension, les principes de contraste et de conventionnalité, l'hypothèse de totalité ou de perspectives multiples, le principe de dénomination catégorielle.

• Le phénomène de surextension

Selon la théorie des traits sémantiques développée par Eve Clark en 1973, le sens d'un mot est défini par des petites unités : les traits sémantiques. Ainsi « le chat » peut être défini par les traits : a quatre pattes, petit animal, poilu, etc. Ces traits varient selon différents niveaux de généralité et sont acquis en principe du plus général au plus spécifique. Une surextension du mot apparaît quand l'enfant utilise le terme « chat » pour désigner tous les petits animaux à quatre pattes (y compris les chiens), et ce, tant qu'il n'a pas identifié des traits spécifiques du chat comme « miaule » par exemple, ou encore lorsqu'il appelle tous les hommes « papa », ce qui peut s'avérer plus ennuyeux en certaines circonstances...

Les déterminants de la surextension sont les ressemblances perceptives, fonctionnelles et les associations de contiguïté spatiale entre les objets. Pour expliquer ce phénomène, plusieurs hypothèses sont avancées : un évitement volontaire du mot correct parce qu'il est plus difficile à prononcer ; des erreurs dues à un lexique limité, à des particularités de la représentation sémantique (du sens du mot) chez les jeunes enfants ou une difficulté à utiliser spontanément un mot approprié dans le discours. Certains auteurs pensent que les enfants connaissent souvent le mot approprié, mais qu'il est plus difficile d'accès du fait de sa moins grande fréquence.

Au cours du développement lexical, les enfants réduisent la liste initiale des exemplaires de la catégorie : leurs représentations deviennent de plus en plus spécifiques, et l'acquisition de nouveaux traits restreint progressivement l'extension du mot pour se rapprocher de l'organisation sémantique de l'adulte. En outre, tous les mots que l'enfant apprend ne donnent pas lieu à des surextensions : certains sont appris à peu près avec le sens donné par l'adulte.

- **Les principes de contraste et de conventionnalité**

Un mot nouveau doit contraster avec des mots déjà connus. Mais ceci est dépendant du principe de conventionnalité, dans la mesure où l'enfant va chercher à utiliser des formes linguistiques conformes aux usages du langage. Il isole du discours le mot inconnu pour l'identifier. Puis il repère le sens potentiel selon l'appartenance à des catégories d'objets, d'actions ou d'événements ; il compare alors le sens possible aux formes linguistiques préalablement identifiées. Dans l'exemple « Sophie mitonne tendrement le déjeuner », « mitonne » est probablement une action, puisque Sophie, personnage féminin de l'histoire, en est l'auteur ; quelles actions peut-on faire sur un déjeuner : le préparer, le manger... ? Le contexte permet de penser que « mitonner » doit être à peu près synonyme de « préparer ».

Cette approche prédit que l'enfant inventera des mots nouveaux pour convenir aux nouveaux sens, en s'inspirant de formes linguistiques conventionnelles (par exemple « déverdir » pour signifier « perdre sa couleur verte »).

- **L'hypothèse de totalité ou de perspectives multiples**

Selon certains auteurs, les tout-petits considèrent qu'un objet ne peut avoir qu'un nom, une seule étiquette, et ils refusent par exemple le mot « animal » pour désigner le chien. C'est le principe de totalité ou d'exclusivité mutuelle : les enfants considèrent les objets dans leur totalité, comme étant indépendants les uns des autres, sans propriétés spécifiques, d'où leurs difficultés dans des tâches d'inclusion de classe (par exemple, dans le problème « Y a-t-il plus de marguerites ou plus de fleurs ? »).

Mais d'autres auteurs (Clark, par exemple) contestent ce principe en considérant que les enfants de 2 à 4 ans acceptent des termes multiples lors de tâches de compréhension et de production, particulièrement lorsque les deux termes appartiennent au même champ sémantique et que le second est hiérarchiquement relié au premier (chien/animal). Le rôle de l'adulte est prépondérant pour cela, en aidant l'enfant à établir des relations entre le terme familier et le non familier, ou en focalisant son attention par des gestes de pointage en direction de l'objet à dénommer. Les stratégies des enfants sont alors basées sur leur appréciation des similarités et des différences entre les objets (par exemple, pour repérer les similitudes et les différences entre plusieurs instruments de musique dans lesquels on souffle, et qui ont des formes assez voisines, tels que la trompette, la clarinette et la flûte).

- **Le principe de dénomination catégorielle**

Ce principe, développé dans les années quatre-vingt-dix, suppose que les mots se réfèrent à une catégorie, même si les enfants ne connaissent pas encore le nom de cette catégorie. Ils interprètent un nouveau nom au niveau de base désignant l'objet dans sa totalité plutôt qu'une partie de l'objet ou ses attributs ; dans l'exemple « Oh ! La girafe ! », l'enfant suppose que « girafe » désigne l'animal qui bouge sur l'écran de la télévision, plutôt que son cou ou sa course devant un véhicule qui le poursuit. Mais il s'avère que l'interprétation à un niveau hiérarchique donné dépend du contexte, des expériences personnelles et de la catégorie de référence : les enfants âgés de 2 ans à 4-5 ans font preuve d'une grande flexibilité pour interpréter de nouveaux noms à des niveaux hiérarchiques différents (« animal », « chien », « épagneul »).

VII. LE DÉVELOPPEMENT LEXICAL JUSQU'À 4 OU 5 ANS

1. Des premiers mots à l'explosion lexicale

Le développement porte à la fois sur la taille du vocabulaire disponible, en compréhension et en production, le second étant toujours plus réduit que le premier, et sur les représentations sémantiques, c'est-à-dire l'évolution du sens des mots, telle que nous l'avons examinée précédemment. Ce sont les expériences sociales avec l'entourage qui fournissent à l'enfant la forme conventionnelle des mots, et l'aident à trouver le sens des nouveaux termes (*cf.* chap. 4).

La taille du vocabulaire (ou du lexique) augmente lentement jusqu'à 18 mois environ, c'est-à-dire pour l'acquisition des cinquante premiers mots environ. Mais ensuite et jusqu'à 36 mois, les enfants apprennent plusieurs mots par jour (l'apprentissage est alors plus rapide qu'il ne le sera par la suite, même s'il se poursuit tout au long de la vie), et leur répertoire passe de quelques dizaines à plusieurs centaines de mots de 18 à 36 mois.

Cette explosion du lexique correspond à une réorganisation du codage des mots, en prenant en compte les règles phonologiques pour la prononciation, ainsi que des règles morphologiques pour leur construction, en sélectionnant les combinaisons de sons les plus fréquentes dans la langue.

Il semble aussi, d'après des travaux récents en neuropsychologie qui demandent à être confirmés, qu'aux alentours de 20 mois, apparaisse une spécialisation hémisphérique pour le traitement des mots, au niveau du lobe temporal et du lobe pariétal de l'hémisphère gauche (les structures cérébrales impliquées plus particulièrement dans le traitement du langage par l'adulte, dans l'organisation lexicale et grammaticale), alors qu'auparavant le traitement des mots se répartissait sur les deux hémisphères.

2. Lexique et catégorisation

Le développement lexical ne peut pas être dissocié des autres aspects du développement, et notamment des aspects cognitifs. Découvrir le sens des mots suppose aussi de découper le monde environnant en unités et en catégories, et d'être capable de repérer les différences et les similitudes entre catégories. Les bébés sont capables de discrimination perceptive, et deviennent rapidement capables de catégorisation dans ce domaine, ce qui est plus complexe, car il faut trouver ce qu'il y a d'identique au-delà des différences. Des relations et un lien temporel ont été observés ultérieurement entre le développement de la catégorisation des concepts (activité plus élaborée que celle du bébé dans le domaine perceptif), la permanence de l'objet (comprendre qu'un objet continue à exister, même lorsqu'on ne le voit plus) et l'explosion langagière. Pour certains auteurs, ce lien est repérable dès 9 ou 10 mois ; pour d'autres, il est plus tardif.

Être capable de produire une étiquette commune (« animaux » pour « chien » et « chat ») est en soit une activité de catégorisation, de même que l'utilisation de différentes étiquettes indique une capacité à distinguer des concepts. L'hypothèse de la relation entre catégorisation et développement lexical a donné lieu à de nombreux travaux au cours des dernières années, qui permettent de penser qu'aider les enfants à catégoriser peut les aider aussi à développer leur vocabulaire (Clavé, 1997).

Pour ce travail, Clavé a constitué des planches de dessins correspondant à des catégories organisées selon différents niveaux de généralité : le niveau de base (les chiens), intermédiaire entre le niveau sous-ordonné (les caniches) et le niveau sur-ordonné (les animaux), selon les distinctions de Rosch. Les enfants les plus jeunes opèrent un traitement perceptif (regroupement sur la base de propriétés perceptives communes, telles la couleur, la forme, la taille), puis un traitement sémantique (regroupement d'objets sur la base de leurs fonctions ou de leurs usages, sans qu'elles soient fondées sur leurs ressemblances perceptives), ou une organisation des éléments comme des parties de classes collectives, en sélectionnant des propriétés taxonomiques.

Dans les séances d'entraînement, les enfants bénéficient d'aides verbales en cas d'échec à la question de catégorisation posée pour une planche de plusieurs dessins. Pour la catégorisation sur une base perceptive, l'adulte doit focaliser l'attention de l'enfant sur chaque particularité d'un dessin. L'aide est la suivante : « Regarde bien chaque dessin, il y en a un qui est différent des autres, qu'est-ce que tu vois là ? » (en pointant du doigt chaque image de la planche). Sont présentées des planches sur lesquelles on voit, par exemple :

– trois images avec une chaussure ; une image avec deux chaussures ;

– trois images avec un objet rouge ; une image avec un objet orange.

Pour les deux autres niveaux (catégorisation sur la base des propriétés sémantiques et abstraites, ou sélection des propriétés taxonomiques), différentes aides métalexicales sont proposées au cours desquelles l'enfant est invité à nommer et à définir chaque dessin de la planche. Les aides sont adaptées aux types de planches (Qu'est-ce que c'est ? Où ça vit ? Comment c'est ? Qu'est-ce qu'il fait ? Etc.). On présente des planches comme celles-ci :

– chat, cheval, papillon, chaussure (série des animaux) ;

– trois lapins assis, un lapin bondissant (série du déplacement).

Après trois séances d'entraînement avec 130 enfants de 5-6 ans, des effets positifs apparaissent (15 % et plus d'amélioration en moyenne), non seulement dans les épreuves de catégorisation (ce qui a été au centre des entraînements), mais aussi dans le répertoire lexical, en termes de progrès qualifiés de procéduraux : les entraînements à la catégorisation ont permis d'améliorer la stratégie sélective nécessaire pour opérer un choix correct à partir d'un ensemble de distracteurs. Il est ainsi possible de focaliser l'attention des enfants soit sur des propriétés perceptives simples, soit sur des propriétés plus complexes de type taxonomique ou abstrait.

Les résultats obtenus permettent de plaider pour l'élaboration d'outils pédagogiques destinés à développer le lexique des enfants, en utilisant l'activité de catégorisation.

Chapitre 3

Des mots isolés aux productions complexes : on n'apprend pas à parler tout seul

Si les premiers mots apparaissent vers 10-12 mois, il faut attendre encore un peu avant que l'enfant puisse les combiner dans des productions de deux mots, et encore davantage pour qu'il produise de véritables phrases. Dans ces apprentissages, l'environnement humain va pouvoir jouer un rôle considérable en utilisant des procédés spécifiques d'enseignement.

I. LE STYLE TÉLÉGRAPHIQUE

Les premiers mots sont employés isolément, et ont en quelque sorte valeur de phrase. C'est l'adulte qui, en s'aidant u contexte non verbal, va en interpréter le sens : « auto » it vouloir dire, selon les circonstances : « Je veux la petite re », « C'est l'auto de papa qui arrive », « L'auto est e », etc.

s 18-20 mois, l'enfant commence à produire deux suite, ayant un rapport de sens, mais séparés par pause et avec baisse d'intonation après chaque . Papa ». Suit rapidement la production de mots, sans pause intermédiaire et avec baisse rès le second mot. Un peu avant 18 mois, otamment de profil plutôt expressif (*cf.* nt à produire des expressions toutes un tout et qui ne correspondent pas binaison de mots : « veux pas », « a peu de la même façon, les enfants mots d'un élément neutre (a, é), utilisant des formes globales « article-nom » ou « démonstratif-nom », sans qu'on puisse vraiment les considérer comme des combinaisons « article ou démonstratif + nom » : é chat, a poupée, é camion.

Dans les phrases à deux mots, les enfants expriment différentes relations de sens ou relations sémantiques : existence (auto ça), récurrence (encore gâteau), attribution (auto papa), localisation (auto garage), etc.

Ces premières phrases ont donné lieu à de nombreux travaux dans les années soixante-dix, pour tenter de comprendre comment l'enfant construit la grammaire de sa langue maternelle. Certains psycholinguistes (Braine, Bloom, Brown, Mac Neill) ont repéré des régularités dans les productions enfantines, notamment dans l'ordre des mots. En effet, on peut identifier dans ces premiers énoncés un petit nombre de mots qui se retrouvent dans de nombreuses combinaisons et avec une place définie, soit en première position, soit en deuxième. Braine les considère comme une classe de « mots-pivots ». Les autres mots, formant une « classe ouverte », apparaissent dans un petit nombre de combinaisons, et n'ont pas de position définie ; ils peuvent être produits seuls, ce qui n'est jamais le cas des mots-pivots. Exemples (les mots-pivots sont soulignés) : fais ça, donne ça, lis ça ; apu gâteau, apu bébé, apu télé.

L'enfant apprendrait à partir des énoncés adultes la position de quelques mots qu'il utilise à leur place (les mots-pivots), sur la base d'une ressemblance perceptive avec le modèle. Brown, étudiant le langage de plusieurs enfants au stade d
la phrase à deux mots, considère que cette théorie a quelqu
exceptions : un mot-pivot peut apparaître seul ; on peut av
des combinaisons de deux mots-pivots.

Selon Mac Neill, la répartition des mots en classe ouver
classe pivot correspond à une régularité de base des pre
énoncés, et les mots-pivots ont un sens grammatical
une classe de mots qui va se spécifier plus tard en a
pronoms démonstratifs ou possessifs, adjectifs, déter
par exemple.

La structure de la phrase peut s'analyser selon un petit nombre de règles :

– règle 1 : la phrase (P) comporte un syntagme nominal (SN) et un syntagme verbal (SV) ;

– règle 2 : SN comporte un nom (N) et éventuellement un mot-pivot (Pv) ;

– règle 3 : SV comporte un verbe (V) qui est d'abord omis, et un syntagme nominal (SN), comme dans la figure ci-dessous.

Structure de la phrase dans les premières productions enfantines

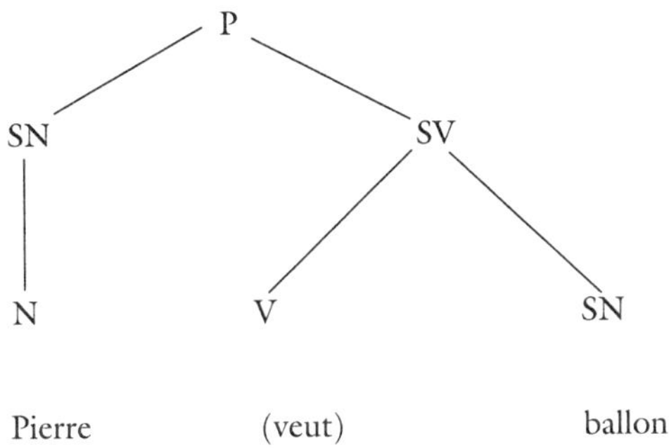

Mais cette description n'est pas universelle. Les comparaisons interlangues mettent en évidence une sensibilité précoce des enfants à la grammaire de leur langue maternelle, notamment à l'ordre des mots (qui varie selon les langues) et aux catégories grammaticales indispensables dans la phrase (tel le sujet devant le verbe en anglais ou en français, qui n'est pas obligatoire en italien). C'est un des éléments qui distingue le langage du jeune enfant de celui du chimpanzé : le premier construit déjà une grammaire de sa langue dès les premiers énoncés à deux mots, alors que le second produit des phrases (*cf.* chap. 1) dans lesquelles l'ordre des mots est aléatoire.

À 2 ans, les enfants disposent de connaissances grammaticales tout à fait importantes, même si elles sont encore incomplètes.

II. LE DÉVELOPPEMENT SYNTAXIQUE ULTÉRIEUR

Lorsque l'enfant produit régulièrement des énoncés à deux ou trois mots, le marquage grammatical va se développer, à la fois pour le syntagme nominal et le syntagme verbal.

1. Le développement du syntagme nominal

L'article est appris tout d'abord comme marque de genre (un, une), puis de nombre (des, les), avec marquage du caractère indéfini (un, des) avant le caractère défini (la, le). L'emploi des articles est à peu près correct vers 6 ans. Les pronoms personnels sont appris dans l'ordre : 1re et 2e personnes (qui désignent les partenaires de l'interaction), puis 3e personne. Les pronoms personnels sont acquis vers 4 ans. L'acquisition des pronoms possessifs suit le même ordre que celui des pronoms personnels, mais elle est plus tardive. Pour les prépositions et les adverbes, ceux qui expriment la possession et le bénéfice (mon, à moi, pour) sont acquis en premier, suivis par les adverbes et prépositions de lieu (dedans, dans, etc.), puis les adverbes et prépositions de temps (avant, après).

On trouvera dans le tableau ci-contre un résumé de la chronologie de ces acquisitions.

2. Le développement du syntagme verbal

Vers 3 ans et demi, l'enfant commence à conjuguer les verbes, à l'impératif, puis à l'infinitif, à l'indicatif présent et au passé composé. Ceci est en place entre 4 ans et 4 ans et demi. Le futur est plus tardif. Avant 6 ans, le marquage du temps se fait sous la forme « Je vais jouer », ou par des adverbes et non par le temps du verbe : « Demain je joue ». Les différentes formes verbales sont utilisées aussi en fonction du délai qui sépare l'action de la description de l'action : pour une description immédiate, l'enfant utilise le présent ; si le délai est de sept secondes, il utilise le passé composé ; au-delà de vingt-cinq secondes, il utilise le passé composé et l'imparfait. Cette acquisition donne lieu à des généralisations incorrectes des règles de conjugaison : « Tu fèseras », « J'ai ouvri la porte », etc.

Chronologie de l'apparition des principaux constituants non nominaux du syntagme nominal dans le parler de l'enfant

Âges Mois	*Articles*	*Pronoms personnels*	*Pronoms possessifs*	*Prépositions et adverbes*
24		moi		prépositions marquant la possession et le bénéfice (à, de, pour)
30	indéfinis	je, tu, toi		
–	accord en genre avec	il		adverbes de lieu (dedans, dessus, devant, derrière)
36	le nom déterminé	elle, le, la	mon, mien	
–	définis	vous, me, te	ton, tien	prépositions de lieu (à, dans, sur, sous, près de, en), avec (exprimant l'accompagnement)
42	accord en nombre avec le nom déterminé	nous, on	son, sien	
48		autres pronons personnels		avec (exprimant l'instrumentation)
–	les indéfinis			adverbes de temps
54	tendent à être employés en lieu et place des définis			(aujourd'hui, hier, demain, maintenant, tout de suite, d'abord, tout à l'heure, etc)
60			le mien,	
–			le tien	préposition de temps (avant, après, pendant)
66				
–				
72	emploi correct des articles		le sien, le nôtre, le vôtre, le leur	

D'après M. Hurtig et J.-A. Rondal, *Introduction à la psychologie de l'enfant*, Bruxelles, Mardaga, 1981.

3. Les différents types de phrases

Les modalités du discours (affirmatif, impératif, interrogatif) se développent entre 2 et 5 ans. Pendant la deuxième année, l'enfant se sert uniquement de l'intonation pour différencier les impératifs et les déclaratifs d'une part (les deux n'étant pas distingués), des interrogatifs d'autre part. Puis les négatifs sont différenciés des affirmatifs par apposition de l'adverbe négatif, en général au début : « apu bobo », « pas dodo » ; les adverbes négatifs sont ensuite intégrés à l'intérieur de la phrase : « J'ai pas faim », et ultérieurement la double négation « Je n'ai pas faim », moins fréquemment utilisée à l'oral.

Les pronoms interrogatifs apparaissent au cours des troisième et quatrième années, dans l'ordre : qui, quand, pourquoi, à qui, et les enfants commencent à utiliser la locution « est-ce que ? ». L'inversion de l'ordre habituel sujet-verbe est plus tardive (« Que veux-tu ? »).

Les phrases passives, relativement rares dans le langage des adultes (5 % environ) apparaissent vers 6 ou 7 ans dans le langage des enfants et posent des problèmes de compréhension jusqu'à 9 ou 10 ans, notamment lorsque les rôles des protagonistes de l'action sont interchangeables ou ne correspondent pas aux connaissances habituelles. Ainsi une phrase comme « La souris est mangée par le chat » est plus facile à comprendre que « La fille est poussée par le garçon », ou que « Le chat est mangé par la souris ». Un enfant de 7 ou 8 ans peut mimer correctement la première en se basant sur ses connaissances relatives aux propriétés des chats et des souris, tout en se trouvant en difficulté pour la seconde et la troisième, s'il ne peut s'appuyer sur un contexte non verbal.

Le marquage des relations spatiales ou temporelles donne lieu à des difficultés de même type, lorsque l'ordre des mots est modifié (« Sous la boîte va la bouteille ») ou non conforme à l'ordre temporel (« Le garçon passe à la boulangerie après avoir été à l'épicerie ») : les hypothèses de l'enfant sur la probabilité du sens lié à l'ordre des mots se trouvent infirmées (en français, la probabilité que le premier mot soit l'agent de l'action est supérieure à 80 %).

Bien des phrases ne sont ainsi traitées correctement que tardivement : les passives, les subordonnées.

III. LE DÉVELOPPEMENT LEXICAL ET SÉMANTIQUE

Après l'explosion verbale de la troisième année, les développements lexical et sémantique se poursuivent. À 6 ans, le vocabulaire peut être estimé à 2 500 ou 3 000 mots, selon plusieurs auteurs. Encore faut-il distinguer entre mots connus, mots utilisés correctement ou mots définis : dans les trois cas, la taille du vocabulaire estimé ne sera évidemment pas identique.

1. Le développement lexical

Dans une étude réalisée auprès d'enfants d'école primaire (Ehrlich, Bramaud du Boucheron, Florin, 1978), on a constaté que le vocabulaire connu par les enfants augmente de 1 300 mots environ par an du CE1 au CM2, mais que l'augmentation concerne surtout les mots moyennement connus ; le répertoire des mots très bien connus augmente peu dans la même période et celui des mots définis encore moins. L'une des conclusions de l'étude (*cf.* chap. 4) était que les connaissances lexicales devraient être davantage entraînées à l'école élémentaire, d'autant qu'elles constituent un prédicteur de la réussite scolaire ultérieure ; il semble que ceci soit toujours d'actualité, d'après les évaluations des enseignants d'une part, et en considérant d'autre part la taille considérable du vocabulaire requis au collège, comme on peut s'en apercevoir à la lecture des manuels scolaires par exemple.

Selon les études de Lieury (1991), les manuels de sixième comportent un lexique bien supérieur (6 000 mots) à celui que les enfants peuvent apprendre en une année (2 500 mots), soit une surcharge de 3 500 mots. Il n'est pas rare de trouver 250 mots nouveaux dans une leçon de dix pages d'un manuel de cinquième. Le lexique de sixième est jugé particulièrement difficile par les « experts » eux-mêmes (professeurs des matières correspondantes). Une mesure de bon sens serait de réduire le vocabulaire de mots nouveaux dans les manuels scolaires (*cf.* chap. 4) ; mais, par ailleurs, le développement des connaissances lexicales devrait être davantage travaillé à l'école avec les jeunes enfants, pour les aider à une meilleure maîtrise de cet aspect de leur langue maternelle.

2. Le développement sémantique

Parallèlement au développement du vocabulaire connu, les représentations sémantiques (le sens des mots) se transforment et s'enrichissent. Après une étape de catégories globales et peu différenciées, chacune correspondant à un spécimen particulier dans un contexte particulier (chien : « C'est le caniche de Mamie »), et étant peu utilisable lorsque le référent est absent ou dans un contexte non familier, l'analyse des propriétés des référents se développe. Elle contribue à différencier les représentations (la rose : elle a des feuilles ; elle sent bon ; la tulipe sent bon), mais ces propriétés ne sont pas encore détachables des référents, en quelque sorte : la feuille de la rose et celle de la tulipe restent des propriétés distinctes, liées chacune à un spécimen particulier de fleur. Une troisième étape correspond à une unification et une généralisation des représentations : unification des propriétés identiques caractérisant des spécimens particuliers (la feuille de la rose et de la tulipe) ; généralisation en regroupant des spécimens dans un concept (rose et tulipe → fleur). Ce concept conserve son identité quel que soit le contexte dans lequel il est inséré, et il est disponible en mémoire.

Dans l'étude citée précédemment (Ehrlich *et al.*, 1978), les définitions produites par les enfants montrent que les référents sont d'abord représentés sur une base empirique : par exemple, ils sont définis par leurs composantes (le lapin : il a des grandes oreilles), leur localisation (la voiture : sur la route), l'usage (le beurre : c'est pour faire des gâteaux ; grimper : dans l'arbre pour prendre des fruits), avant d'être insérés dans une organisation catégorielle (beurre : aliment, comme l'huile ; grimper : monter, escalader). Les définitions catégorielles, toujours plus tardives que les définitions empiriques, présentent un caractère général et relativement abstrait, et correspondent à un niveau de conceptualisation plus élevé ; elles tendent à augmenter avec l'âge, tandis que les secondes diminuent, notamment pour la représentation des actions.

IV. LES FONCTIONS DU LANGAGE

Si l'on considère que parler c'est agir sur autrui, alors il est important de comprendre comment l'enfant utilise progressivement les différentes fonctions du langage.

1. Les différentes fonctions

Certaines de ces fonctions sont présentes dès le début de la vie, dans la communication non verbale : c'est le cas de la fonction *instrumentale*, qui s'exprime déjà à travers les cris du bébé, puis par ses gestes de pointage accompagnés de mimiques pour obtenir ce qu'il désire (*cf.* chap. 2). Au cours de la deuxième année, les enfants savent utiliser la fonction *instrumentale* du langage (« Je veux ça »), et la fonction *personnelle* pour exprimer leurs sentiments, leurs intérêts ou leurs dégoûts (« J'aime » ; « J'aime pas »). Ils savent aussi manier verbalement la fonction *régulatrice*, qui permet de contrôler le comportement d'autrui (« Donne » ; « Fais ça »), et la fonction *interpersonnelle* pour entrer en relation avec autrui ou maintenir le contact (« Bonjour » ; « Coucou » ; « Ça va ? »).

D'autres fonctions apparaissent plus tardivement dans le langage de l'enfant : la fonction *heuristique*, pour développer ses connaissances sur le monde (« Dis, pourquoi... ? ») ; la fonction *imaginative*, pour créer son propre environnement, en inventant un récit par exemple ; la fonction *informative*, qui permet l'échange d'informations entre interlocuteurs.

2. La prise en compte de la situation d'énonciation

Une même fonction peut s'exprimer de manière non verbale, nous l'avons vu, et sous forme verbale ; verbalement, elle peut correspondre à différents types de phrases, et une même phrase peut avoir plusieurs fonctions, selon les possibilités d'expression de l'enfant et les caractéristiques de la situation d'énonciation qu'il peut prendre en compte : « Brrr, qu'il fait froid ! » peut, dans certaines circonstances, ne pas avoir seulement une fonction informative, lorsqu'on souhaite que son interlocuteur ferme la fenêtre... ; l'enfant qui désire que sa mère lui achète un jouet ne pourra verbaliser cela que sous la forme « Veux ça ! » dans une première étape ; quelques mois plus tard, il aura plus de chances d'obtenir satisfaction s'il respecte certaines règles de politesse (« Tu l'achètes, s'il te plaît ? ») ; ultérieurement, la prise en compte des intérêts d'autrui dans une formulation indirecte peut aider à parvenir à ses fins : « Si tu me l'achetais, on pourrait jouer ensemble avec mon petit frère, et comme ça il t'embêterait pas ! » L'enfant doit aussi apprendre à réaliser des actes indirects de langage, en comprenant qu'un énoncé peut avoir plusieurs composantes : ce qui est dit explicitement (l'aspect locutoire), ce qu'on veut signifier au moyen de cet énoncé (l'aspect illocutoire), et l'effet du message sur le destinataire (l'aspect perlocutoire). Ainsi, lorsque je dis « Peux-tu me passer le sel ? » plutôt que « Passe-moi le sel ! », formellement je m'enquiers de la capacité de mon interlocuteur à réaliser cette action (locutoire), mais la réponse attendue n'est évidemment pas « oui ! » ; je veux signifier une demande (illocutoire), que j'exprime de manière indirecte, par respect pour mon interlocuteur, et non pas sous forme d'un ordre, afin qu'elle soit acceptable pour lui (perlocutoire). Avant l'âge de 2 ans, les requêtes sont exprimées sous forme explicite ; les formules de politesse associées aux interrogatifs vers 2 ans et demi marquent le début des requêtes indirectes. Vers 4 ans, l'enfant peut demander par allusion et utiliser des formes très indirectes. La compréhension des requêtes indirectes précède la production : certaines sont comprises à 2 ans, si l'enfant peut s'aider du contexte non verbal pour deviner ce qu'on attend de lui.

V. LE TRAITEMENT DES RÉCITS

Les premières activités de récit prennent place dans des situations de jeux ou de lecture partagées avec un adulte, sous forme de co-narration. Les récits des tout-petits sont très elliptiques, ne mentionnant qu'un événement ou une caractéristique particulièrement marquants pour eux, même s'il s'agit d'un élément anecdotique de l'histoire. Vers 4 ans, se met en place un début de schéma narratif, d'organisation du récit, sans planification particulière : l'enfant décrit les images les unes après les autres sans établir de lien entre elles, sous forme d'énoncés juxtaposés. Vers 6 ou 7 ans, l'enfant se construit une représentation d'ensemble et il va produire un récit avec des marques de cohérence, en mentionnant les actions successives du héros (il a fait ça, et puis..., et puis après...). La trame de l'histoire peut être restituée, mais sous une forme assez pauvre, et sans mention de détails. À partir de 8 ou 9 ans, les récits deviennent plus riches et la construction du schéma narratif se poursuit jusqu'à la préadolescence ; l'enfant peut s'abstraire des images pour interpréter ce qu'il voit, produire des inférences à partir de la représentation qu'il s'est construite de l'histoire présentée, et assurer la continuité thématique, notamment par l'utilisation de certains connecteurs qui vont mettre les événements en perspective (mais alors, tout à coup, pendant ce temps, etc.). La compréhension des récits est facilitée par la référence à des expériences vécues, et les schémas narratifs conventionnels (exposition, complication, résolution, évaluation, morale), comme ceux des contes, sont plus facilement identifiés par les jeunes enfants. Ils peuvent l'aider, avec le guidage de l'adulte (et après, qu'a-t-il fait ?, que se passe-t-il ensuite ?), à construire leurs propres récits.

Les enfants, très tôt, aiment qu'on leur raconte des histoires, et qu'on leur raconte souvent les mêmes. Elles les aident à comprendre le monde dans lequel ils vivent, à intégrer des valeurs de leur culture, à dominer certaines peurs, et ne prennent sens pour eux que dans la mesure où elles répondent à ces besoins culturels. Vers 3 ou 4 ans, ils commencent à utiliser leurs propres récits pour agir sur autrui, justifier un comportement, séduire ou tromper, obtenir un soutien. Ultérieurement, l'activité de récit, d'abord orale, puis écrite, va constituer un aspect important du travail sur la maîtrise de la langue en milieu scolaire.

VI. LES CONDUITES ARGUMENTATIVES

Les conduites argumentatives sont une forme de conduite langagière, dont la finalité est de faire partager ou modifier des représentations. Argumenter implique à la fois des opérations langagières spécifiques (l'utilisation de certaines marques linguistiques) et des opérations cognitives, telles que la capacité à se décentrer et à considérer le point de vue d'autrui.

1. Les aspects généraux de l'argumentation

Les enfants et les adultes ont souvent à argumenter : obtenir l'autorisation de se coucher plus tard, de ne pas se relaver les mains, ou l'accord d'un copain dans une opération de troc pendant la récréation ; réussir à répondre à l'un des trois sujets du baccalauréat de français (commentaire de texte argumentatif), convaincre son supérieur hiérarchique que vous méritez une augmentation de salaire, ou persuader une petite amie de poursuivre la soirée avec vous, correspondent à autant de situations différentes où il y a à argumenter.

Comment s'organise le discours du locuteur dans ces situations ? Deux opérations peuvent être distinguées : la *justification* et la *négociation*.

La *justification* est la compétence à fournir un argument à l'appui d'une prise de position (Golder, 1996). C'est la structure minimale de l'argumentation, qui nécessite le respect de deux procédés : l'*étayage* et la *recevabilité*.

L'*étayage* amène à rendre crédible l'énoncé par un autre énoncé, sous la forme d'une relation de causalité, de finalité ou d'exemplification. Le locuteur est ainsi amené à une prise en charge de l'énoncé, qui consiste à mettre une distance plus ou moins grande entre lui et son discours, par des marques comme « je pense », « à mon avis », et à fournir des arguments factuels. Ainsi, dans l'exemple ci-dessous, Alexandre (4 ans et demi) ne veut pas aller se coucher : « Non, je vais pas au lit maintenant. Y a pas école demain. Et puis Maman elle a dit que je peux rester encore. J'y vais pas maintenant. »

Le locuteur doit également rendre *recevable* un argument pour le rendre acceptable par l'interlocuteur. Il emploie des arguments d'ordre général, et ne se limite plus à l'utilisation d'exemples personnels. Il rend l'objet de son discours négociable, car il se réfère à des valeurs socialement reconnues, en présentant des faits attestés : « On n'a pas le droit de taper un enfant à l'école ».

La *négociation* permet d'ouvrir la conversation. Il ne s'agit plus d'énumérer des arguments, mais de construire son argumentation en tenant compte des contre-arguments de l'interlocuteur. Cette construction se développe à travers un échange avec modifications, restrictions ou spécifications, où il s'agit davantage de convaincre que de persuader l'interlocuteur, de telle sorte qu'il n'ait plus d'objections.

Une argumentation élaborée suppose l'utilisation de *marques énonciatives*, telles que prise en charge énonciative, axiologisation, modalisations :

– la prise en charge énonciative (*cf. supra*) se retrouve à la fois dans la justification et la négociation (Caron, 1992) ; il s'agit pour le locuteur de prendre du recul par rapport à ce qu'il énonce. En précisant que ce qu'il énonce est ce qu'il pense, il rend son discours négociable : « Je pense que », « Selon moi », etc. ;

– l'axiologisation est l'expression de considérations morales ou de ce qui est souhaitable : « C'est bien », « C'est mal », « C'est dommage », « C'est stupide », etc. ;

– les modalisations expriment le degré de certitude du locuteur dans ce qu'il énonce : « certainement », « peut-être » ; l'utilisation de verbes modaux tels que « pouvoir », « falloir », « devoir » constitue également une modalisation.

2. Le développement des conduites argumentatives

À partir de quel âge les enfants sont-ils capables d'argumenter ? Comment se développent les conduites argumentatives ? Dès 3 ou 4 ans, les enfants peuvent utiliser des formes argumentatives comme l'insulte ou la menace, notamment pour résoudre des conflits, justifier leurs besoins ou leurs désirs (Golder, 1996). Vers 4 ou 5 ans, ils commencent à utiliser les opérations de justification, en intégrant des éléments factuels, en énumérant des faits. Vers 5 ou 6 ans, la compréhension des règles conversationnelles s'améliore nettement (nécessité de respect des tours de parole et d'une continuité thématique) : le jeune locuteur commence à s'engager dans son énonciation et émet plus de jugements. Vers 8 ou 9 ans, selon Golder, apparaît une véritable coopérativité argumentative : l'enfant considère à la fois son propre point de vue et celui de son interlocuteur, afin de construire un référent commun. Ce ne serait pas avant 13 ou 14 ans que les arguments viseraient l'acceptabilité de l'interlocuteur, en adaptant le contenu du discours aux caractéristiques de l'interlocuteur (statut, familiarité, compétences ou intérêts). Encore faut-il probablement distinguer les situations d'argumentation spontanée et celles qui sont provoquées par les chercheurs ; il n'est pas rare que dans des situations quotidiennes à fort enjeu pour l'enfant, celui-ci fasse preuve de capacités argumentatives redoutables pour ses parents, comme dans l'exemple ci-après :

> Noémie [7 ans et 3 mois] : Dis, t'as vu la boîte de Lego ? Tu me l'achètes ?
> La mère : Non. On n'a pas le temps, et puis si je t'achète quelque chose, il faut aussi un jouet pour Martin [son petit frère] !
> Noémie : Ouais, mais elle est pas chère [il y a une étiquette rouge « promotion » sur la boîte] ! Et pi, si tu me l'achètes, on jouera avec, moi et Martin, et comme ça il t'embêtera pas !

Argumenter véritablement, c'est tenir compte des contre-arguments d'autrui, et donc prendre du recul par rapport à son propre discours, se décentrer, ce qui suppose un certain niveau de développement cognitif. On a pu observer qu'à partir de l'âge de 4 ans, les enfants sont capables de s'adapter à leur interlocuteur, de tenir compte de son âge (ils ne parlent pas de la même façon à un enfant plus jeune et à un enfant plus âgé), de ses savoirs, de ses désirs et de ses intentions. Ils commencent à avoir une « théorie de l'esprit » : ils peuvent se représenter qu'autrui pense, et qu'il peut penser différemment d'eux. Bien sûr, il s'agit là des premières étapes du développement de la théorie de l'esprit, et à cet âge, les enfants ne sont pas encore capables de se représenter toutes les représentations d'autrui : celle des désirs est relativement précoce, mais il n'en va pas de même pour les croyances par exemple (la présupposition de vérité est-elle la même pour les verbes « croire » et « savoir » ?). De même, il est difficile pour un jeune enfant de comprendre ce qui est discutable et ce qui ne l'est pas ; il faut également comprendre avec qui on peut argumenter et avec qui on ne peut pas.

On conçoit ainsi que le développement des conduites argumentatives est dépendant à la fois du développement cognitif et de celui des compétences sociales. Les travaux des prochaines années en psycholinguistique développementale devraient contribuer à préciser l'articulation entre ces différents aspects, au-delà des analyses descriptives actuelles.

VII. L'ADAPTATION DU LANGAGE DES ADULTES

Dès la naissance, le bébé se trouve en général pris dans les bras des adultes, qui lui parlent et parlent de lui. À l'audition des voix humaines qui avait marqué les derniers mois de sa vie fœtale, celle de sa mère lui étant déjà familière, s'ajoutent maintenant les regards en face à face, les mimiques, les gestes.

À partir de ces premiers contacts, dans ces interactions à deux qui se créent et se développent, le bébé va très vite reconnaître les adultes comme partenaires privilégiés : ils vont l'aider dans son développement, sa compréhension du monde et l'expression de sa personnalité. C'est vrai tout d'abord de sa mère, mais ses partenaires vont ensuite se diversifier : autres adultes, de la famille ou non (professionnels des lieux d'accueil de la petite enfance), et autres enfants. Les bébés vont ainsi trouver des conditions plus ou moins diversifiées, selon les cas, pour expérimenter des formes de communication variées et développer leur maîtrise de la langue.

Dans ces interactions, les adultes développent des modalités particulières d'adaptation du langage et des procédés spécifiques d'enseignement, qui vont aider les enfants dans leurs acquisitions. Des caractéristiques générales peuvent être dégagées, mais il existe aussi des différences interindividuelles dans la manière de parler aux enfants, selon les cultures, les milieux sociaux, et le style de chacun : quelles en sont les incidences sur le développement du langage ?

En général, les adultes ne parlent pas aux jeunes enfants comme aux autres personnes : ils utilisent différents procédés pour rendre leur langage plus facilement compréhensible, pour attirer l'attention du tout-petit et l'inviter à communiquer, et peut-être… pour lui apprendre à parler.

1. Les caractéristiques de l'adaptation du langage adulte et leurs effets

Qui a entendu une mère parler à son bébé garde en mémoire une ligne mélodique particulière, une propension attendrissante (ou bêtifiante, selon le point de vue) à faire les demandes et les réponses et à utiliser un « parler bébé » fait de répétitions syllabiques (dodo, bobo, miam-miam, etc.). En fait, cette forme de langage maternel qu'on appelle *motherese* ou *baby talk* en anglais est bien plus que du « parler bébé », relativement limité à quelques mots à forte connotation affective ou relationnelle.

L'adaptation touche de multiples aspects du langage (Rondal, 1983).

• Du point de vue prosodique, on constate avec les tout-petits une élévation de la hauteur tonale, des pauses plus longues, un rythme d'élocution ralenti. Ces caractéristiques permettent de signifier au bébé que c'est à lui qu'on s'adresse, et lui facilitent la segmentation et le traitement des énoncés.

• Dans les aspects sémantiques, les recherches sur les interactions mère-enfant ont souligné la faible diversité lexicale : le vocabulaire est limité, avec une surreprésentation des mots faciles à prononcer par les enfants (commençant par des labiales telles que b, f, m, v) et fréquents dans la langue ; on relève de nombreux termes à référence concrète, et une utilisation préférentielle des relations sémantiques les plus fréquentes dans le langage des enfants.

• Du point de vue syntaxique, les mères ajustent la longueur moyenne de leurs énoncés (LME, ou MLU en anglais pour *Mean Length of Utterances*) à un niveau légèrement supérieur à celui de la LME enfantine. Les énoncés sont syntaxiquement simples, et en général bien formés. Les mères utilisent beaucoup d'interrogatives (« Où il est mon bébé ? »), d'impératives (« Donne à maman ! ») et de déclaratives (« On va aller se promener »).

• La fonction des énoncés présente aussi de nombreuses spécificités : les mères adressent beaucoup de requêtes d'action et d'information, et font de nombreuses descriptions ; leur discours est très redondant, soit qu'elles se répètent elles-mêmes, soit qu'elles reprennent ce que dit leur enfant, en corrigeant l'expression ou en y ajoutant de l'information, et on parle alors d'*expansions* du discours enfantin. Elles fournissent aussi de nombreux feed-backs (réponses) et énoncés évaluatifs, surtout positifs.

Plus l'enfant grandit, plus le langage qui lui est adressé par l'adulte se complexifie ; il devient similaire à celui qui est adressé à d'autres adultes lorsque les enfants atteignent environ l'âge de 12 ans.

Quels sont les effets de ces adaptations ? Malgré de nombreuses tentatives, on a rarement mis en évidence des effets directs sur le langage des enfants de tel ou tel procédé particulier d'adaptation, hormis pour les expansions : le taux d'expansions maternelles est corrélé avec différentes mesures du développement langagier des enfants dans les mois qui suivent ; fournir des expansions aux enfants leur assure qu'ils ont été écoutés et entendus, ce qui les encourage à poursuivre l'interaction, et leur fournit une validation ou une correction de leur message, qui peut les soutenir dans la qualité de leur expression. Mais, plus que tel ou tel procédé de simplification, c'est surtout le contexte de l'interaction qui doit être considéré : par exemple, dès lors que le langage adressé à l'enfant est globalement simple, des énoncés un peu plus longs peuvent être compris, si un terrain commun de conversation a été établi au début de l'échange, ou si l'on se situe dans un dialogue d'action partagée dans lequel le geste accompagne l'expression et facilite la compréhension.

2. Tous les parents adaptent-ils leur langage ?

Les travaux sur les adaptations du langage de l'adulte ont d'abord été réalisés avec des mères, surtout de classes moyennes, dans des sociétés occidentales. Sont-ils généralisables ?

• Les études sur *le langage des pères* ont montré qu'ils utilisent à peu près les mêmes procédés que les mères, et la similitude est d'autant plus élevée qu'ils consacrent du temps à leur enfant, en participant comme leurs compagnes aux diverses activités de soins et de jeux avec lui. Lorsque des différences sont observées, elles témoignent d'une complexité un peu plus grande du langage paternel : celui-ci jouerait, selon certains auteurs, un rôle de « pont » vers l'extérieur, une sorte d'intermédiaire entre le langage maternel et celui qui est utilisé en général par les adultes.

• Les *comparaisons interculturelles* ont relevé des procédés similaires dans de nombreuses langues : anglais, américain, japonais, arabe, espagnol, italien, chinois. Élévation de la hauteur tonale, faible longueur moyenne des énoncés, pauses plus longues se retrouvent ainsi d'une langue à l'autre, avec quelques variations d'amplitude.

Est-ce à dire que cette adaptation est universelle de la part des parents ? Certains chercheurs pensent que non et citent l'exemple de communautés indiennes dans lesquelles les mères murmurent à leur enfant plutôt que d'exagérer la prosodie. Mais n'est-ce pas une autre façon d'attirer l'attention de l'enfant ? Les enseignants savent utiliser ce procédé pour susciter l'attention d'une classe ou d'un amphi un peu dissipés ! En outre, quels sont les mimiques et autres indices qui accompagnent ce murmure, notamment les répétitions ? Les auteurs ne le disent pas. Plus récemment, des travaux ont relevé d'autres communautés dans lesquelles les parents parlent très peu aux bébés (Noirs américains de Caroline du Sud, peuples des îles Samoa ou Papous de Nouvelle-Guinée), parce qu'ils pensent que les bébés ne peuvent pas comprendre. Mais a-t-on considéré l'ensemble des partenaires de l'enfant : tantes et oncles, grandes sœurs, dont on sait l'importance dans l'éducation des tout-petits pour certaines sociétés ? Les articles ne le mentionnent pas non plus.

Il apparaît donc, à ces quelques réserves près, que les enfants bénéficient d'un environnement langagier adapté, susceptible de les aider dans l'analyse et la compréhension de la langue maternelle. Mais ceci ne signifie pas que tous les parents s'adressent de la même manière à leur enfant. Nous y reviendrons.

VIII. LES PROCÉDÉS SPÉCIFIQUES D'ENSEIGNEMENT

Nous avons dit que, davantage que tel ou tel aspect local du langage adressé à l'enfant, ce sont plutôt le contexte de communication et l'organisation de l'interaction qui vont fournir un cadre aux apprentissages. Voyons donc comment s'organise l'interaction adulte-enfant et quels sont les procédés spécifiques d'enseignement mis en œuvre par les adultes.

1. L'interaction de tutelle

Les échanges adulte-enfant prennent la forme d'une interaction de tutelle (Vygotsky, dans Schneuwly et Bronckart, 1985), dans laquelle l'adulte-tuteur a vocation à aider l'enfant-apprenant à acquérir des savoirs et savoir-faire et ce dernier a vocation à développer ses connaissances. Le tuteur fournit à l'apprenant les aides nécessaires, les instruments utiles, présentés sous forme simplifiée et assimilable.

Pour être efficace, l'apprentissage doit se situer dans ce que Vygotsky appelait la « zone proximale de développement », c'est-à-dire dans l'écart entre le niveau actuel de l'enfant et celui qu'il peut atteindre au même moment avec l'aide de l'adulte. Plus l'apprenant progresse, plus le tuteur doit s'effacer, lui laisser l'initiative et le contrôle de sa réalisation, quitte à intervenir à nouveau si une difficulté ne peut être surmontée. C'est ainsi que l'enfant progresse vers un autocontrôle et la construction de compétences intériorisées. Cette conception s'applique aux apprentissages en général, y compris aux apprentissages langagiers. Elle a été reprise par Bruner (1983, 1987) qui a plus particulièrement étudié les interactions mères-enfants.

2. Les formats d'interaction et l'étayage

• La notion de format

Bruner a observé que de nombreux apprentissages se font dans le cadre de « formats d'interaction », c'est-à-dire des situations ritualisées, des jeux répétitifs avec alternance ou complémentarité des rôles. Les deux partenaires répètent le même scénario, par exemple lors du repas, de la toilette ou du lever, ou encore dans des jeux, comme « cache-cache » ou « la petite bête qui monte » : l'adulte exécute les mêmes actes dans le même ordre, avec les mêmes verbalisations. En voici un exemple, avec un enfant de 12 mois ; la mère arrive dans la chambre de son enfant et l'embrasse, puis, comme d'habitude, prend un ours en peluche sur la chaise à côté du lit et revient vers lui :

> La mère : Coucou ! Qui est là ?
> Alex sourit et agite les bras.
> La mère [montrant la peluche cachée derrière son dos] : Et oui ! C'est Boubi !
> Alex : Boubi !
> La mère [imitant une voix d'ours] : Bonjour, Alex !
> Alex : Boubi !
> La mère [plaçant son visage près de celui de l'enfant et regardant l'ours] : Bonjour, Boubi ! [Reprenant une voix d'ours] As-tu bien dormi ?
> Alex fait oui de la tête, sourit et tend les bras ; il embrasse l'ours.
> La mère : On va prendre le petit déjeuner maintenant ?
> Alex : Oui ! [en tendant les bras vers sa mère pour qu'elle le sorte du lit].

La répétition des mêmes actes, de leur enchaînement et des mêmes verbalisations les rend en quelque sorte prédictibles pour l'enfant, et favorise sa prise de rôle dans l'interaction ; l'adulte assure quelquefois les demandes et les réponses, si l'enfant ne peut encore les produire lui-même. Les formats permettent aussi de créer des conventions d'interactions (ici, l'exemple d'un rituel de salutations).

• L'étayage

Dans ces échanges, l'adulte fournit également ce que Bruner appelle un « étayage » pour soutenir ou stimuler les comportements de l'enfant ; il s'agit de l'aider à compren à atteindre et les moyens de l'atteindre :

> Premièrement, au niveau le plus simple de l'étayage, l'adulte « protège » l'enfant contre les distractions en assurant une convergence constante entre son attention et celle de l'enfant dans l'interaction [...] L'adulte doit faire en sorte que l'enfant ait l'occasion d'établir des relations entre signes et événements [...]
> Deuxièmement, l'adulte fournit des moyens pour la représentation et l'exécution des relations entre moyens et buts lorsque l'enfant ne peut pas encore comprendre le but qu'il faut atteindre ou les moyens efficaces pour y parvenir [...] L'adulte dirige par son discours et ses actions les activités de l'enfant de façon à le confronter constamment à des relations entre signes, moyens et buts, et l'amener à intervenir activement dans ses relations avant qu'il puisse les représenter, s'accordant ainsi étroitement au niveau de l'enfant dans le déroulement de la tâche.
> Troisièmement, on doit noter le rôle important que jouent les formats en assurant une mesure constante de succès pour l'enfant et l'adulte. En limitant la difficulté de la tâche à un niveau accessible à l'enfant, les formats lui permettent de poursuivre son activité avec un minimum d'aliénation dû à l'échec. Bien sûr, les formats sont souvent construits de façon à présenter à l'enfant des tâches qui sont légèrement au-delà de ses capacités immédiates pour provoquer un voyage dans la zone proximale de développement.
> Quatrièmement, les formats fournissent des occasions de créer des conventions d'interaction à travers l'utilisation des signes dans le contexte d'action, des conventions qui ont des conditions de « félicité » telles que celles qu'on trouve dans les actes de parole plus complexes des interactions entre adultes...
> La continuité entre les formats du jeune enfant et les formats plus complexes de l'adulte est en partie assurée par le fait que l'adulte construit avec l'enfant une « mini-culture » qui lui permet d'être dès la naissance un membre de la culture plus générale tout en fonctionnant à son niveau. Il ne s'agit donc pas pour l'enfant de *devenir* social ; il est social depuis toujours dans le microcosme des formats.
>
> J.-S. Bruner, *Le Développement de l'enfant. Savoir faire, savoir dire*, 1983, pp. 288-289.

Bruner dégage six fonctions de l'étayage (1983, pp. 277-279) :

1. Enrôlement : il s'agit de capter l'attention de l'enfant, d'engager son intérêt pour les exigences de la tâche.

2. Réduction des degrés de liberté : simplification de la tâche par réduction du nombre des actes nécessaires pour atteindre la solution. Par exemple, lorsque l'adulte veut faire raconter une histoire à l'enfant, il va ajouter des questions destinées à guider le récit de l'enfant, comme : « Ça parle de qui ? », « Où ça se passe ? », etc. De la même façon, il simplifie la réalisation d'un puzzle en proposant : « Cherche les morceaux qui ont un bord droit pour faire le tour... ; Maintenant, cherche les pièces du renard... »

3. Maintien de l'orientation : les enfants s'attardent ou vont vers d'autres buts, étant donné les limites de leurs intérêts et de leurs capacités. Le tuteur a pour charge de les protéger contre les distractions et de maintenir leur motivation.

4. Signalisation des caractéristiques dominantes : le tuteur doit aider l'enfant à établir des liens entre les signes et les événements ; le fait de signaler les caractéristiques dominantes procure une information sur l'écart entre ce que l'enfant a produit et ce que lui-même aurait considéré comme une production correcte.

5. Contrôle de la frustration : résoudre le problème ou atteindre l'objectif devrait être moins éprouvant avec un tuteur que sans lui (« sauver la face » pour les erreurs commises, etc.). Le risque majeur est de créer une trop grande dépendance à l'égard du tuteur.

6. Démonstration ou « présentation de modèles » de solutions pour une tâche exige plus que la simple exécution en présence de l'apprenant. Elle comporte souvent une « stylisation » de l'action qui doit être exécutée, et peut comprendre l'achèvement ou même la justification d'une solution déjà partiellement exécutée par l'enfant lui-même.

Ces notions de format d'interaction et d'étayage s'appliquent aux situations d'apprentissage en général, y compris dans le domaine langagier. Elles permettent de rendre compte du contexte particulier dans lequel les jeunes enfants développent leurs savoirs et leurs savoir faire, et d'analyser à un niveau plus large les procédés spécifiques d'enseignement utilisés par les adultes avec eux.

3. Les stratégies d'étiquetage et la dénomination

Ce sont les expériences sociales avec l'entourage qui fournissent à l'enfant la forme lexicale conventionnelle, à partir de routines et de rituels, ainsi qu'on vient de le voir. Les stratégies d'étiquetage et les comportements de dénomination utilisés par les mères permettent d'apprendre le langage référentiel, c'est-à-dire des mots se référant à des représentations d'objets ou d'événements. Les aspects sociorégulateurs du langage sont appris à partir d'interactions interpersonnelles ou de routines au cours desquelles les mères montrent aux enfants les formes de conventions socialement acceptables. L'acquisition du langage implique donc tout à la fois l'acquisition de règles en adéquation avec la forme linguistique et les contextes spécifiques, ainsi que la construction d'un répertoire de conduites langagières (Florin, 1995).

Plusieurs recherches indiquent des relations entre les pratiques d'étiquetage maternelles et la compréhension par les enfants de l'organisation des concepts (dénomination au niveau de base, puis aux niveaux sous-ordonné et sur-ordonné ; soit par exemple l'ordre de dénomination : chien, caniche, animal).

Selon le principe d'objet dans sa totalité (*cf.* chap. 2), l'enfant étiquette un objet pour se référer à lui dans sa globalité plutôt qu'à une partie de l'objet ; certains auteurs ont constaté que 95 % des définitions parentales sont basées sur ce principe. Ces pratiques parentales favorisent la dénomination des objets au niveau de base (chien) lors du discours des mères adressé aux enfants. Cette forme d'étiquetage, surtout constatée en situation de jeu, correspond pour les enfants aux termes les plus familiers ; elle s'observe moins dans les situations de routines et les contextes nouveaux.

La dénomination par les mères avec des termes sous-ordonnés (caniche pour chien) et sur-ordonnés (animal pour chien) se réalise plus tard, avec une prédominance dans l'utilisation du niveau sur-ordonné. Mais d'autres auteurs contestent l'existence d'une corrélation entre l'âge des enfants et l'utilisation par les mères de termes sur-ordonnés ; ces derniers seraient utilisés dans des situations particulières quand il s'agit de se référer à un groupe d'objets. C'est d'ailleurs un moyen de mentionner la relation d'inclusion entre les catégories (les chiens sont des animaux) et de fournir des informations sur les relations hiérarchiques inhérentes aux catégories.

Dans certaines situations, les parents utilisent des stratégies pour aider l'enfant à déterminer le niveau hiérarchique d'un nouveau mot : pour apprendre un terme au niveau de base, les parents simplifient en pointant et en étiquetant l'objet ; pour apprendre un terme au niveau sur-ordonné, les mères utilisent deux niveaux d'informations : la relation d'inclusion (une voiture est une sorte de véhicule) et l'utilisation d'étiquettes multiples (c'est une chaise, c'est un meuble). En général, l'étiquetage au niveau sur-ordonné est effectué pour se référer à un groupe d'objets plutôt qu'à un seul objet. Ces comportements d'étiquetage des parents sont également facilitateurs pour des enfants plus âgés disposant d'un répertoire lexical déjà étendu.

Par ailleurs, les parents jouent aussi un rôle dans la réduction des surextensions de catégories (*cf.* chap. 2). Au cours du développement lexical, l'une des principales tâches de l'enfant consiste à modifier ses catégories initiales vers les catégories standard des adultes. Cette modification s'effectue entre autres grâce aux feed-backs adressés par les parents en réponse à l'usage de mots inappropriés (« Non, c'est un chien », lorsque l'enfant a désigné un yorkshire par le mot « chat »). Il s'avère que les feed-backs explicites du type correction du terme inadéquat et explication sont les plus efficaces, puisqu'ils permettent de développer de nouvelles catégories.

D'autres travaux ont souligné l'intérêt de la lecture de livres d'images entre parents et enfants pour le développement langagier, et notamment le développement lexical. Les livres proposent aux enfants une diversité de vocabulaire qui ne se retrouve guère dans le langage parlé. De plus, lire des livres d'images facilite l'établissement de la focalisation d'attention partagée (regarder ensemble le même objet) ; ce sont en outre des situations très répétitives qui permettent de comprendre la signification des mots en regardant les images. Des enfants de 4 à 5 ans peuvent accroître leur compréhension orale du vocabulaire lors d'une seule séance de lecture d'un livre ; en revanche, plusieurs lectures de l'histoire seront nécessaires pour développer la production du même vocabulaire par les enfants.

En résumé, les jeunes enfants apprennent leur langue maternelle dans des interactions spécifiques avec les adultes, qui utilisent des procédés particuliers d'enseignement. Certaines activités, tels des rituels quotidiens ou la lecture de livres d'images, constituent des contextes particulièrement favorables à ces acquisitions, dès le plus jeune âge, outre le plaisir qu'elles procurent aux deux partenaires. Tous les enfants ne bénéficient pas également des mêmes occasions de développer leur langage ; est-ce là l'unique raison des différences interindividuelles dans la maîtrise de la langue ?

IX. LES INTERACTIONS AVEC LES PAIRS

Les adultes, et en premier lieu les parents, sont les partenaires privilégiés des enfants dans leurs apprentissages langagiers. Mais ils ne sont pas les seuls, et les enfants peuvent apprendre aussi beaucoup sans eux, grâce aux interactions avec leurs pairs. Dans nos sociétés occidentales, l'éducation des premières années favorise de plus en plus les contacts avec les autres enfants, dans les lieux d'accueil collectifs : crèches, haltes-garderies, et les enfants gardés par une assistante maternelle ont souvent l'occasion de rencontrer d'autres enfants. Puis c'est l'école maternelle : quasiment tous les enfants sont scolarisés à 3 ans, et un tiers des 2 à 3 ans le sont également.

Bien sûr, pour pouvoir communiquer, il faut disposer de certains moyens. À 4 ou 5 mois, les échanges sont limités. Toutefois, des bébés assis en face à face, dans des sièges qui maintiennent leur tronc, peuvent construire des échanges de courte durée grâce à l'imitation : ils s'observent, se sourient ; si l'un tape sur l'accoudoir ou retire son chausson, l'autre fait de même, et les deux en tirent un plaisir évident. C'est un début de communication par imitation immédiate...

Au cours de la deuxième année, les enfants mettent en place des enchaînements d'actes qui se succèdent en fonction de ce que le partenaire vient de faire. Des jeux d'alternance apparaissent, tels celui de cache-cache ou d'autres jeux inventés, en fonction des objets disponibles dans la pièce où ils sont réunis : les enfants comprennent que l'acte d'autrui appelle une réponse qui, elle-même, suscite un nouvel acte du partenaire. Ils peuvent collaborer à un but commun (une construction, par exemple), ce qui n'exclut pas des disputes (pour avoir un objet qui n'est disponible qu'en un seul exemplaire), avec les ajustements et les compromis nécessaires à la poursuite de l'interaction. Ce n'est pas encore une conversation, mais cela y ressemble, pour ce qui est de l'enchaînement des actes, du thème partagé ou de la négociation !

Dès l'âge de 3 ans, avec le développement des verbalisations, peuvent apparaître de véritables conversations entre enfants qui se connaissent bien, telle celle-ci, dans un jardin, entre Alexandre (3 ans et 5 mois) et Julien (4 ans et 7 mois) qui jouent dans le sable :

> Alexandre : Tu connais Chicago ? (Ils viennent de regarder la télévision ; peut-être ont-ils entendu parler de cette ville à ce moment.)
> Julien : Chicago ?
> Alexandre : Oui, Chicago.
> Julien : C'est une ville !
> Alexandre : Ouais ! C'est une grande ville.
> Julien : C'est en Amérique !
> Alexandre : C'est pas ici ! C'est loin !
> Julien : Ouais ! C'est loin !
> Alexandre : Attention, Julien ! (Julien a commencé à escalader un muret.)
> Julien : Quoi ?
> Alexandre : Si tu montes trop haut, tu peux tomber !

Vers l'âge de 3-4 ans, les enfants commencent à tenir compte des caractéristiques de leur interlocuteur : comme les adultes, ils ralentissent leur débit de parole, élèvent le ton et exagèrent l'intonation lorsqu'ils s'adressent à un bébé. Plusieurs études ont montré qu'ils modifient également la nature et la complexité de leur discours selon qu'ils s'adressent à un enfant plus jeune, à celui qui voit le jeu dont on parle ou à celui qui ne le voit pas.

Les interactions entre pairs ayant des compétences et des styles communicatifs différents peuvent inciter les enfants à expérimenter des stratégies variées pour se faire comprendre et obtenir des autres qu'ils se fassent comprendre. L'intérêt de ces échanges pour la construction de nouvelles habiletés cognitives individuelles a été démontré depuis longtemps dans des activités de résolution de problèmes, dans l'acquisition de connaissances dans le cadre scolaire (confronter des points de vue différents pour arriver à expliquer un phénomène physique comme la pluie, par exemple), et aussi dans le développement des compétences de communication. Les jeux de « faire semblant » (jouer à la marchande et au client, aux mamans qui promènent leur bébé, ou à telle série télévisée) permettent de mimer des situations, de jouer des comportements verbaux et non verbaux observés, et de se les approprier. Certains jeux de règles, comme le jeu de « Qui est-ce ? », inspiré par les travaux sur la communication référentielle, sont également intéressants pour apprendre à considérer et à communiquer seulement l'information nécessaire et suffisante pour découvrir un élément caché : deux partenaires disposent des mêmes images figurant de nombreux personnages différents selon de multiples caractéristiques : sexe, couleur et longueur des cheveux, accessoires, etc. Le premier choisit une image en cachette du second, qui doit la deviner en posant le minimum de questions auxquelles le premier ne répond que par « oui » ou « non ».

Outre les échanges spontanés qui se développent, hors de la présence des adultes, entre pairs, dès lors qu'ils sont assez familiers l'un de l'autre, il est également possible de proposer aux jeunes enfants des situations de communication qui les aident à développer ensemble leurs compétences langagières.

Ainsi peut-on considérer que les interactions avec des partenaires différents, adultes et enfants, ayant des styles de communication et des compétences variés, dans des situations diversifiées, constituent des occasions renouvelées de développement des conduites langagières pour les jeunes enfants et les élèves.

Chapitre 4

Les différences interindividuelles

L'acquisition du langage est soumise à des principes généraux qui se retrouvent pour tous les enfants et sont génétiquement programmés dans l'espèce humaine : on commence à produire des mots isolés avant de construire des phrases ; la compréhension dépasse la production ; les constituants du groupe verbal sont acquis dans un certain ordre ; etc. Cependant, il suffit de les écouter pour s'apercevoir que tous les enfants ne s'expriment pas de la même façon, que certains semblent en avance ou ont développé davantage de compétences langagières, qu'ils ne font pas tous le même usage du langage.

À quel âge commencent les différences interindividuelles ? Quels aspects des conduites langagières sont plus particulièrement concernés ? Comment expliquer ces différences ? Sont-elles liées à des facteurs génétiques, à la structure de la langue maternelle, à des facteurs sociaux, à la communication établie avec les partenaires, au tempérament de l'enfant ? Peut-on les réduire ? Qu'est-ce qui relève de la pathologie du langage ?

I. LA PRÉCOCITÉ DES DIFFÉRENCES INTERINDIVIDUELLES

Si les productions vocales des premiers mois sont surtout dépendantes de la maturation physiologique, de contraintes respiratoires et motrices, on peut déjà observer quelques différences dès la fin du troisième mois, notamment dans la fréquence des vocalisations : celles-ci sont assez directement liées à la présence d'un adulte, et aux réponses reçues de sa part. Des bébés en interactions fréquentes avec un partenaire adulte, qui répond à leurs vocalisations ou les répète, babillent davantage que les autres.

Cette présence de l'adulte et les réponses de celui-ci constituent des encouragements pour les enfants : à 8 ou 10 mois, ceux qui vocalisent davantage et manifestent le plus d'attention visuelle à l'adulte sont ceux auxquels les mères s'adressent elles-mêmes le plus fréquemment. L'âge auquel sont dits les premiers mots, la dimension et la composition du répertoire lexical produit vers la fin de la deuxième année, la longueur moyenne des énoncés, les fonctions du langage que l'enfant utilise, diffèrent également.

Bref, tous les aspects des conduites langagières, dès les premières étapes de leur développement, sont concernés par les différences interindividuelles. De plus, les différences observées ne sont guère compensées avec le temps, et on peut même dire que les écarts se creusent au fur et à mesure que les enfants grandissent. Les enfants les plus précoces à un moment donné tendent à le rester, et on observe généralement une association entre plusieurs aspects des différences interindividuelles, par exemple entre la richesse du vocabulaire et la longueur moyenne des énoncés : ceux qui ont une production plus complexe sur une dimension l'ont aussi sur une autre.

II. LA NATURE DES DIFFÉRENCES À L'ÂGE SCOLAIRE

Nous avons vu que les différences dans la taille du lexique et sa composition sont déjà présentes au cours de la deuxième année (*cf.* chap. 2). De même, se manifestent très tôt des différences dans l'utilisation de la syntaxe (*cf.* chap. 3). En fait, tous les aspects du langage sont concernés, et les débuts de la scolarisation vont constituer en quelque sorte un révélateur de l'hétérogénéité des compétences enfantines, à la fois en compréhension et en production du langage.

1. La compréhension du langage oral

Il faut insister tout particulièrement sur les variations dans la compréhension, et ceci pour deux raisons : parce qu'on y est moins attentif qu'à la production, et parce que les difficultés de compréhension sont le premier indicateur de fréquentes difficultés ultérieures.

- **On peut se comprendre sans les mots...**

Comment savoir si un enfant comprend ce qui est dit ? C'est quelquefois difficile, parce que, dans la plupart des situations d'interaction verbale, la compréhension est fondée sur de multiples indices, verbaux et non verbaux, et le contexte extralangagier peut aider à comprendre, voire suppléer, l'information verbale. Par exemple, lorsque la mère dit à son enfant : « Viens prendre ton bain ! », cette invitation s'insère dans des préparatifs autour du bain, et avec une certaine régularité au fil des jours, que l'enfant repère ; de même, lorsqu'une consigne est donnée par l'enseignant à sa classe, il peut suffire de faire comme les copains pour manifester sa « compréhension ». Dans d'autres cas, identifier quelques mots dans la phrase permet d'émettre une hypothèse souvent correcte sur ce dont on parle ou ce que l'on va faire. Et c'est ainsi que bien des enfants font illusion quant à leur capacités de compréhension du langage oral, parce qu'ils agissent en conformité avec ce que l'on attend d'eux ou ce que font les autres.

- **Comment dépister les difficultés de compréhension ?**

Toute absence de réaction de l'enfant ou l'incompréhension qu'il manifeste lorsqu'on s'adresse à lui doit alerter : entend-il correctement ? A-t-il un déficit de compréhension et si oui, de quelle nature ? La réponse à ces différentes questions nécessite des examens spécialisés, chez l'ORL pour dépister les troubles de l'audition et chez le psychologue, par exemple le psychologue scolaire de l'école, pour examiner la compréhension du langage oral.

Plusieurs outils permettent au psychologue d'évaluer la compréhension du langage oral chez l'enfant, selon son âge. L'épreuve d'évaluation des stratégies de compréhension en situation orale mise au point par Khomsi (1987) permet non seulement d'estimer le degré de compréhension, mais aussi les stratégies mises en œuvre par les enfants. La procédure est simple et non verbale : l'enfant doit montrer du doigt, parmi quatre images présentées, celle qui correspond à une phrase lue. Différents types d'énoncés sont proposés, soit à contenu facilement imageable (la petite fille le regarde), soit nécessitant des inférences (le chat dont j'ai tiré la queue m'a griffé). Les distracteurs, c'est-à-dire les trois autres images de chaque planche, correspondent à des désignations aberrantes, à des erreurs de compréhension fréquentes chez les enfants : on peut ainsi identifier des stratégies lexicales, lorsque le traitement de l'information est focalisé sur un mot qui détermine le choix de l'image ; des stratégies imagées focalisées sur un traitement propositionnel (par exemple : *chat* et *tirer la queue*) conduiront au choix erroné de l'image sur laquelle un enfant tire la queue d'un chat. Les comportements de persévération dans l'erreur sont également considérés, ainsi que les désignations systématiques (par exemple choisir l'image en haut à gauche pour chaque planche).

Avec une épreuve de ce type administrée à 854 enfants de grande section de maternelle, nous avons relevé (Florin *et al.*, *La Maîtrise de la langue orale à l'école primaire*, rapport terminal de recherche à la Direction des écoles, université de Nantes, Labécd, document ronéotypé, 1998) que 25 % d'entre eux ont des difficultés de compréhension et comprennent moins de la moitié des phrases proposées : 15 % comprennent entre un tiers et la moitié des phrases ; 10 % comprennent moins d'un tiers des phrases.

On trouve des difficultés de même ordre dans deux autres domaines évalués avec l'épreuve ECS II (Khomsi, 1997) :

– la capacité à identifier des mots oralement : on demande aux enfants si le mot prononcé correspond bien à une image présentée ; il s'agit de repérer des confusions avec des pseudo-synonymes sémantiques (une botte/une chaussure), des pseudo-synonymes morphologiques (une robinet/un robinet) ou avec des déformations phonétiques (un tantour/un tambour) ;

Exemples de situations permettant d'analyser les stratégies de compréhension employées

La petite fille
le regarde.

Le chat dont
j'ai tiré
la queue
m'a griffé.

D'après A. Khomsi, *Épreuve d'évaluation des stratégies de compréhension en situation orale*, 1987.

– le jugement de grammaticalité : l'enfant doit repérer, dans une série de phrases correctes ou incorrectes, des erreurs grammaticales, présentées comme produites par des enfants qui ne parlent pas toujours très bien, soit par exemple : « Elle tout mangé les cerises » ou « Ati le monsieur la voiture ».

Ces difficultés sont prédictives de difficultés ultérieures, notamment dans les apprentissages de la langue écrite, et plus largement d'échecs scolaires.

2. Les connaissances lexicales

Les études en français sur cette question sont peu nombreuses : une pour l'école élémentaire, l'autre pour le collège.

• L'étude d'Ehrlich, Bramaud du Boucheron et Florin (1978)

Dans cette étude réalisée auprès de 2 800 enfants d'école primaire, on a estimé la dimension moyenne de leur répertoire de mots. Pour cela, on a commencé par soumettre par écrit à des adultes cultivés les entrées d'un dictionnaire en leur demandant de porter un jugement de connaissance sur une échelle en cinq points :

– je ne l'ai jamais entendu ;

– je l'ai déjà entendu mais je ne sais pas ce qu'il veut dire ;

– je le connais mal et je l'utilise rarement ;

– je le connais assez bien et je l'utilise assez souvent ;

– je le connais très bien et je l'utilise très souvent.

On parvient ainsi à constituer un vocabulaire de référence d'environ 13 000 mots, plus ou moins connus des adultes. On extrait ensuite de ce premier répertoire des échantillons représentatifs qui sont soumis par écrit aux enfants des différents niveaux scolaires. Les élèves doivent porter un jugement de connaissance sur les mots qui leur sont présentés, en utilisant une grille similaire à celle des adultes ; ils doivent également définir certains mots. Les résultats obtenus sont les suivants (*cf.* tableau ci-après).

Estimation du répertoire verbal moyen d'enfants d'école primaire

Niveau scolaire \ *Degré de connaissance*	*Mots inconnus*	*Mots moyennement connus*	*Mots très bien connus*
CE1	8 081	3 026	2 393
CE2	6 754	3 913	2 833
CM1	5 397	5 193	2 910
CM2	4 057	6 143	3 300
(Adultes)	(282)	(8 221)	(4 997)

D'après S. Ehrlich, G. Bramaud du Boucheron et A. Florin, *Le Développement des connaissances lexicales à l'école primaire*, 1978.

– Le vocabulaire connu par les enfants (moyennement ou très bien connu) augmente de 1 300 mots environ par an du cours élémentaire première année (CE1 : 5 419 mots) au cours moyen deuxième année (CM2 : 9 443 mots).

– Mais l'augmentation concerne surtout les mots moyennement connus, qui sont multipliés par deux au cours des quatre années d'école primaire considérées.

– Le répertoire des mots très bien connus augmente à peine de 1 000 mots dans la même période (2 393 mots en CE1 ; 3 340 en CM2).

L'examen des définitions conduit à des conclusions similaires, à ceci près que les progrès sont encore plus limités, puisqu'une grande partie des mots moyennement connus ne peut être définie par les enfants. Bien des mots, familiers en apparence, ont encore, pour de nombreux enfants d'école primaire, une signification très approximative, ou même ne peuvent être définis, ainsi qu'on peut le constater en lisant certaines définitions types (fournies ci-après) dégagées du dictionnaire des significations réalisé par Ehrlich *et al.*.

Définitions types données par des enfants d'école primaire pour des mots familiers

Bouche
CE1 → quelque chose pour manger, parler, boire.
CE2 → pour manger, parler, avaler.
CM1 → pour manger, parler, boire ; la langue ; partie de la figure, de la tête ; bouche d'égout.

CM2 → pour manger, parler, respirer ; partie du visage, du corps de l'homme ; la langue, les dents, les lèvres ; où l'on met les aliments, la nourriture ; bouche d'égout ; endroit, trou où il y a de l'eau.

Horrible
CE1 → pas beau, pas joli.
CE2 → quelque chose qui n'est pas beau.
CM1 → quelque chose qui n'est pas beau, pas joli à voir ; un homme affreux.
CM2 → quelque chose qui fait peur ; affreux ; pas beau à voir.

Oser
CE1 → -
CE2 → - } (pas de définition)
CM1 → -
CM2 → oser toucher ; ne pas hésiter.

D'après S. Ehrlich, G. Bramaud du Boucheron et A. Florin, 1978.

Les comparaisons des répertoires selon le milieu social des enfants montrent des écarts relativement importants dès le CE1 : selon l'épreuve considérée — jugement de connaissance ou définition —, les écarts entre les milieux favorisés (cadres supérieurs et professions libérales) et défavorisés (ouvriers) peuvent être estimés à six mois ou un an d'acquisition de vocabulaire, soit 600 mots environ en CE1. Ils ne sont pas compensés dans la suite de la scolarité et tendent même à s'accentuer.

Le contenu même des définitions varie avec l'âge et le milieu social : plus les enfants grandissent, plus la part des définitions catégorielles (par un sur-ordonné tel que chat/animal, un sous-ordonné tel que chien/caniche, un synonyme, un opposé) augmente, au détriment des définitions empiriques (par l'usage, la localisation, les parties constituantes, etc.). Les définitions catégorielles, qui sont considérées généralement comme relevant d'un niveau de conceptualisation plus élevé et sont valorisées dans le cadre scolaire, apparaissent également plus fréquentes chez les enfants de milieu favorisé, à tous les niveaux scolaires considérés.

Sur tous les aspects du lexique examinés, les écarts entre milieux sociaux sont significatifs, stables, voire pour certains amplifiés au cours de la scolarité, même s'ils ne représentent guère plus de 10 à 15 % du répertoire étudié : autrement dit, ce qui est commun aux enfants est quantitativement beaucoup plus important que ce qui les distingue. Mais, on le sait, c'est sur la distinction que se fonde la sélection, notamment scolaire.

- **L'étude de Lieury (1996)**

Dans cette étude portant sur des élèves de collège, la perspective est différente : on ne part pas d'un dictionnaire de référence, mais des manuels du collège ; l'auteur et ses collaborateurs procèdent à un inventaire du vocabulaire pour chaque année scolaire et diverses disciplines, et pour 200 élèves suivis de la 6e à la 3e auxquels on demande d'indiquer le sens des mots dans des questionnaires à choix multiples.

Le fait majeur est que le vocabulaire technique et nouveau, utilisé dans les manuels scolaires, dépasse, et de loin, les capacités d'apprentissage d'enfants de cet âge (6 000 mots nouveaux dans les manuels de 6e !), y compris de l'avis des professeurs de collège auxquels on soumet les listes de mots : les professeurs d'histoire jugent ainsi difficiles 64 % des mots techniques utilisés dans le manuel de leur discipline ; les professeurs de français ont la même opinion pour 51 % des mots dans la matière qu'ils enseignent. Il faut ajouter que la situation empire au fil des années, puisque le vocabulaire de mots nouveaux ou techniques est estimé par Lieury à :

- 9 679 mots en 5e ;
- 18 073 en 4e ;
- 23 989 en 3e : « une odyssée à travers un océan de mots… » comme dit l'auteur !

Lieury estime à 2 500 mots la progression annuelle du vocabulaire d'un enfant moyen, qui par définition, n'existe pas. Les écarts d'un enfant à l'autre sont considérables et encore plus importants au collège que ceux que nous avions constatés à l'école primaire (Ehrlich *et al.*, 1978, *cf. supra*) : si le meilleur élève de 6e (moyenne générale = 17/20) réussit à apprendre 4 000 mots environ dans l'année, le dernier du classement (moyenne générale = 4,5/20) ne maîtrise dans le même temps que 1 000 mots. Là encore, les écarts, déjà importants en 6e, se creusent les années suivantes.

Comment suivre et comprendre le cours lorsque : « tribut » désigne un groupe de familles (98 % des réponses), « faucille » est une empreinte animale (32 % des réponses), « morose » est un mammifère marin (33 %), « l'ammoniac » est une lessive (43 %), « inoffensif » signifie sans défense (32 %), « invariant » correspond à inégal (50 %), et « régicide » est une variété d'insecticide (50 %) ou un engrais (25 %) ?

Les connaissances lexicales sont une condition nécessaire pour la compréhension des textes, ainsi que l'ont montré de nombreux travaux. Les compétences des enfants dans ce domaine sont particulièrement hétérogènes, et le moins qu'on puisse dire est qu'il n'en est pas tenu compte dans l'enseignement ; de ce point de vue, les manuels scolaires ne sont pas adaptés aux capacités de la majorité des enfants et contribuent probablement à créer l'échec scolaire.

3. Les autres aspects de la maîtrise de l'oral

- **La syntaxe**

La maîtrise de la syntaxe est aussi source de différences interindividuelles importantes, notamment pour les aspects les plus complexes. Jusqu'à 6 ans environ, les différences sont peu sensibles, pour ce qui est par exemple des structures d'ordre des mots dans la phrase (sujet-verbe, verbe-objet, etc.). Plus tard, les enfants utilisent à peu près avec la même efficacité les indices tels qu'articles ou suffixes, ou la position du mot dans la phrase pour identifier la classe grammaticale d'un mot inconnu dans une phrase. En revanche, l'utilisation des subordonnées ou de la forme passive, l'emploi des pronoms et des négations, l'utilisation des auxiliaires verbaux varient beaucoup selon les enfants, et là encore, à l'avantage des milieux sociaux favorisés.

Chez les enfants d'école maternelle, on peut toutefois mettre en évidence des différences dans la longueur des phrases produites, la maîtrise des marques de pluriel, ou l'imitation de certaines structures syntaxiques.

- **Les aspects fonctionnels**

Plusieurs recherches ont mis en évidence des différences dans l'efficacité de la communication. Dans des situations dites référentielles, lorsqu'il s'agit de décrire un référent (représentation d'un objet, d'un visage, d'une figure abstraite, etc.) parmi plusieurs à un partenaire, de telle sorte que ce dernier identifie rapidement et sans erreur le référent choisi, certains enfants utilisent plutôt des descriptions globales ou inférentielles (« C'est comme… »), alors que d'autres sont plus efficaces, prennent en compte des aspects spécifiques du référent, et produisent des descriptions plus analytiques. Dans ces situations, les enfants de milieux favorisés sont un peu plus habiles pour décoder l'information fournie par un partenaire, mais surtout se font plus facilement comprendre.

- **Les récits**

De nombreuses recherches comparatives ont été réalisées, à partir des années soixante-dix, dans la lignée des travaux du sociologue anglais Basil Bernstein, célèbre pour ses notions de code élaboré et de code restreint, caractérisant des registres de langage utilisés différemment selon les classes sociales. La tâche standard consistait à demander à des enfants de produire un récit à partir d'une bande dessinée. La plupart des travaux ont souligné les écarts entre groupes sociaux concernant de multiples aspects des récits : identification plus ou moins précise des protagonistes et de la suite des actions, utilisation plus ou moins fréquente de connecteurs pour mettre en perspective les différents événements, clarté ou ambiguïté du récit qui peut être compréhensible ou non en l'absence des images.

Mais il faut souligner que les écarts intragroupes (à l'intérieur d'un même milieu social par exemple) sont souvent très importants, voire même autant que les écarts intergroupes. Il faut aussi noter que plus la tâche est standardisée, comme par exemple dans une situation de test, ou plus le langage est à mettre en œuvre de manière décontextualisée (par exemple effectuer des transformations sur des phrases isolées, ou définir un mot présenté seul), plus les écarts entre enfants sont grands.

III. LES EXPLICATIONS DES DIFFÉRENCES

Comment expliquer ces différences ? Sont-elles liées à des facteurs génétiques, à la structure de la langue maternelle, à des facteurs sociaux, à la communication établie avec les partenaires, au tempérament de l'enfant ?

1. Les conditions neurophysiologiques

Tout un appareillage anatomique et neurophysiologique conditionne l'acquisition du langage : la sensibilité auditive et le fonctionnement des organes phonatoires (bouche, langue, larynx) sont impliqués, ainsi que différents niveaux du cerveau. Toute altération a des incidences sur tel ou tel aspect des conduites langagières, en compréhension ou en production.

Dès la fin du XXe siècle, les études sur des lésions cérébrales localisées avaient montré l'importance de plusieurs aires cérébrales de l'hémisphère gauche et de leurs connexions dans le traitement du langage : l'aire motrice frontale de Broca, l'aire sensorielle temporale de Wernicke, et plus en arrière, l'aire de cécité verbale de Déjerine.

Les travaux récents, grâce aux techniques d'imagerie cérébrale, ont mis l'accent davantage sur le fonctionnement interactif de différentes régions du cerveau que sur la description du rôle de telle ou telle zone, et ont permis de mieux rendre compte de l'activité des deux hémisphères : le gauche contrôle la parole, la perception et la formation des mots ; le droit joue un rôle dans l'intonation, la prosodie, et, d'une manière générale, dans la communication des états émotionnels. Trois ensembles de structures neuronales sont en jeu dans le traitement du langage :

– le premier ensemble, composé de nombreux systèmes appartenant aux deux hémisphères, ne correspond pas à un traitement spécifique du langage, mais permet de construire les représentations de ce que fait, pense, perçoit une personne, et de classer ces représentations ;

– le second, plus limité et localisé dans l'hémisphère gauche, traite les phonèmes, leur combinaison et l'organisation syntaxique ;

– le troisième, également dans l'hémisphère gauche, permet d'établir les liens entre les mots et les concepts et assure la coordination entre les deux précédents.

La réalisation du langage passe ainsi par plusieurs étapes (*cf.* Juan de Mendoza, 1995, p. 43).

Lorsqu'un mot est entendu et répété, le signal sonore est capté par l'oreille, puis codé sous la forme d'un message nerveux qui parvient dans l'aire auditive primaire ; il est ensuite interprété dans l'aire de Wernicke, ce qui lui donne sa signification. Cette représentation est transférée par le faisceau arqué dans l'aire de Broca : le programme moteur nécessaire pour sa prononciation est activé. C'est le cortex moteur primaire qui assure la prononciation, en mobilisant les organes phonatoires, selon la séquence prévue.

Pour lire un mot à voix haute, le signal écrit est capté par l'œil ; la rétine transmet le message nerveux à l'aire visuelle primaire ; la forme visuelle du mot est convertie en forme sonore dans l'aire de Wernicke. Les étapes suivantes, pour la prononciation, sont les mêmes que dans le cas précédent.

Bien sûr, le traitement d'un énoncé ou d'un discours oral ou écrit ne se réduit pas à ces étapes : il mobilise à la fois connaissance du monde, intelligence générale et imagination, selon le type de discours comme le développe J.-L. Juan de Mendoza. Et si l'équipement anatomique et neurophysiologique est une condition du traitement du langage, il n'explique pas l'utilisation que fait la personne du langage, ni les modalités de l'acquisition.

Juan de Mendoza reprend à son compte la distinction opérée par Paul Watzlawick dans son ouvrage *Le Langage du changement* (1980) entre langage « digital » et langage « analogique ». Pour illustrer ces deux notions, l'auteur considère les deux textes suivants.

> *Texte A*
> Sont admis de plein droit à s'inscrire en vue de :
> – la licence de sciences de l'éducation, les titulaires de tout DEUG ou d'un diplôme d'État préparé en trois ans et permettant l'exercice d'une profession de santé ou d'une profession paramédicale figurant sur une liste arrêtée par le ministre chargé de l'Enseignement supérieur et par le ministre chargé de la Santé. [...]

Texte B
Glaciers, soleils d'argent, flots nacreux, cieux de braises !
Échouages hideux au fond des golfes bruns
Où les serpents géants dévorés des punaises
Choient, des arbres tordus, avec de noirs parfums !

Le texte A est un extrait de l'arrêté du 9 février 1993 du ministre de l'Éducation nationale et de la Culture. Le texte B est une strophe du *Bateau ivre*, poème d'Arthur Rimbaud. Comme le souligne Juan de Mendoza,

> le seul point commun entre ces deux textes est qu'ils sont écrits en français et donc qu'ils respectent les règles lexicales et syntaxiques de cette langue. Mais le texte A correspond au langage digital : il peut être décomposé en éléments (phrases ou mots) porteurs d'information. De plus, on pourrait changer l'ordre des paragraphes ou remplacer un mot par un de ses synonymes sans modifier profondément le sens du message. Enfin, il est très facile de répondre à la question : « Quel est le sujet dont traite ce texte ? » C'est le langage digital qui est utilisé pour la description, l'explication, le raisonnement. C'est le langage de l'administration, mais aussi celui de la communication scientifique. [...]
> Le texte B est un modèle de langage analogique : il n'est pas destiné à décrire ou à expliquer, mais il vise à susciter des sentiments chez le lecteur, à faire naître des images et des impressions. Les mots et les phrases sont choisis autant — sinon plus — pour leur sonorité et leur rythme que pour leur contenu sémantique, et sont souvent employés dans un sens métaphorique. Par ailleurs, ce texte forme un tout, et on ne saurait supprimer, remplacer ou déplacer un de ses éléments sans modifier complètement son impact sur le lecteur. Enfin, il est très difficile pour le lecteur de dire quel est exactement le sujet abordé par le texte, ou de décrire et *a fortiori* d'expliquer l'impression qu'il a éprouvée à sa lecture.
>
> J.-L. Juan de Mendoza, *Cerveau gauche, cerveau droit*, 1995, p. 43.

Il est à peu près impossible d'exprimer dans un langage digital ce qui relève du langage analogique. Mais Juan de Mendoza remarque que l'enseignant tente pourtant cette mission impossible lorsqu'il tente l'explication d'un texte poétique, ou la critique d'une œuvre picturale ou musicale,

> modes d'expressions qui relèvent aussi du langage analogique ; il en est de même pour le sujet qui tente de « raconter » un de ses rêves.

En sens inverse, on voit mal comment représenter musicalement, ou sous la forme d'un poème émouvant, une circulaire administrative ou le mode d'emploi d'un robot ménager. En définitive, selon l'aspect du monde qu'il convient de décrire, le langage digital ou le langage analogique est plus adéquat que l'autre, voire le seul pertinent, dans la mesure où la conversion d'une forme dans l'autre est pratiquement impossible.

J.-L. Juan de Mendoza, *op. cit.*, pp. 102-104.

2. La structure des langues et le bilinguisme

La structure de la langue à acquérir affecte-t-elle le processus d'apprentissage lui-même ? Cette question a été étudiée à partir des années quatre-vingt, en particulier par Dan Slobin, chercheur américain et spécialiste des comparaisons inter-langues. Il existe des invariants cognitifs associés à la représentation de notions telles que le temps, l'espace, la causalité, les relations agent-action. Mais chaque langue va traduire ces invariants dans des structures qui peuvent être différentes.

À partir du moment où un enfant est en mesure de combiner des mots, il utilise leur ordre ou certains morphèmes pour opérer un marquage grammatical. La familiarisation avec la structure prosodique de la langue entendue fait apparaître des schémas de phrases canoniques. Par exemple, une relation agent-action-objet peut être exprimée par l'ordre des mots et réalisée par une phrase de type sujet-verbe-objet ; c'est le cas notamment en français et en anglais. Mais d'autres langues, telles l'allemand, le turc, l'hébreu, etc., utilisent des flexions casuelles. Les schémas de phrases canoniques sont fondés sur les expériences linguistiques qui aident à l'interprétation d'une partie des énoncés. Mais lorsque les enfants rencontrent des formes non canoniques, ils ne peuvent plus utiliser d'analyse systématique et ont des difficultés d'interprétation : c'est le cas par exemple pour les phrases passives, peu fréquentes en français ; la prise en compte d'autres caractéristiques, telles que le caractère animé ou inanimé du nom, devient alors indispensable. Selon Slobin, la clarté, la valeur informative et la régularité des indices grammaticaux d'une langue conditionnent son acquisition.

Dans la lignée de ces travaux, d'autres auteurs américains, Bates et Mac Whinney, ont proposé un modèle de compétition (*cf.* Kail, 1983) selon lequel la connaissance linguistique est conçue non pas comme un ensemble de règles grammaticales, mais comme un réseau de correspondances pondérées entre formes et fonctions. Toute langue fournit des indices (lexicaux, syntaxiques, prosodiques, morphologiques) signalant la présence de différentes fonctions, comme celles d'agent ou d'objet. Certains indices sont très fiables et très disponibles dans une langue, mais pas dans une autre : c'est le cas de la position préverbale pour la fonction d'agent en anglais, mais il n'en va pas de même en italien, ni en espagnol. Certains indices entrent en compétition dans l'analyse de l'énoncé : pour des adultes français, quand il y a compétition entre l'ordre des mots et le caractère animé, c'est le second qui l'emporte. La stratégie des très jeunes enfants est de considérer le premier nom comme agent dans les suites nom-verbe-nom ; ultérieurement, le caractère animé peut être considéré, mais en cas de compétition, c'est l'ordre des mots qui prime, contrairement aux adultes. Le coût du traitement des indices (procédures d'accès aux indices, vitesse de traitement) est également pris en compte dans le modèle. On peut ainsi vérifier que, pour chaque langue, il existe une configuration optimale d'indices pour le traitement d'un énoncé. Ce modèle a diverses applications, notamment pour les problèmes particuliers liés au bilinguisme et aux variations interindividuelles dans la flexibilité cognitive permettant de passer d'une langue à l'autre.

Le bilinguisme précoce n'est pas l'addition de l'acquisition de deux langues, mais correspond à une dynamique développementale particulière, quant à la nature des transferts d'une langue à l'autre, et à l'automatisation des procédures de traitement, par exemple.

De nombreux médias, scientifiques ou grand public, soulignent régulièrement l'intérêt du bilinguisme précoce : l'apprentissage d'une seconde langue est plus facile dans les premières années qu'à l'âge du collège ou au-delà ; sa maîtrise est également meilleure. Les enfants apprennent d'autant plus facilement deux langues (voire davantage) que celles-ci sont associées avec régularité à des situations ou des partenaires particuliers : une langue à la maison, l'autre à l'école, ou une langue avec le père, l'autre avec la mère. Bien sûr, le discours des enfants bilingues manifeste quelquefois des interférences entre les deux langues, et une expression plus disponible dans une langue vient se glisser dans l'autre (*code switching*) : ce sont les aléas classiques du développement bilingue.

Le bilinguisme étant en constant développement dans le monde, il serait particulièrement pertinent, comme le suggère Michèle Kail, de pouvoir analyser ce qui constitue un développement bilingue normal, et en quoi la situation de bilinguisme procure un avantage cognitif, par exemple pour l'acquisition de la lecture, si cet avantage existe véritablement.

3. Les aspects sociolinguistiques

Dans les années soixante-dix, deux auteurs ont tout particulièrement stimulé les recherches sur les variations sociales du langage : Basil Bernstein, sociologue anglais, et William Labov, linguiste américain.

• Les travaux de Bernstein

Bernstein a développé une théorie selon laquelle le langage varie selon les classes sociales. Les difficultés scolaires des enfants de milieu défavorisé seraient causées par leur langage qui les « handicaperaient » dans les activités cognitives proposées par l'école. Si l'on tente de résumer une théorie complexe, qui a de plus largement évolué dans les publications de l'auteur, on peut la résumer à cinq hypothèses générales :

– l'intelligence potentielle des enfants de classes sociales favorisée et défavorisée (*middle-class* et *working-class*, dans la société anglaise) est équivalente ;

– les classes sociales se différencient selon qu'elles ont accès ou non au pouvoir de décision dans la société ;

– il existe une relation entre ces caractéristiques et les modes de communication (notamment le langage) entre les membres des groupes sociaux. Les enfants de milieu défavorisé utiliseraient un « code restreint » composé de significations implicites, mettant l'accent davantage sur la relation verbale à autrui que sur l'échange d'informations, avec une syntaxe pauvre et un grand nombre d'expressions toutes faites. Les enfants de milieu favorisé disposeraient de deux codes : le « code restreint » et le « code élaboré ». Le second présente des caractéristiques opposées à celles du premier : significations explicites, engagement du locuteur dans les points de vue qu'il exprime (« Je pense que… », « À mon avis… », etc.), syntaxe précise ;

– l'usage privilégié de certains modes de communication influence l'orientation cognitive des enfants envers le monde environnant (explications logiques ou expression d'implications affectives) et le développement cognitif ;

– l'orientation cognitive et les modes de communication de la classe favorisée correspondent à ceux qui sont exigés et imposés par l'école (mode d'expression de l'intelligence logique, relationnel, abstrait, analytique), ce qui n'est pas le cas pour les enfants de classe sociale défavorisée.

Dans les versions ultérieures de cette théorie, et en réponse à diverses critiques, Bernstein a assoupli sa notion de code et l'a même fait disparaître au profit de celle de style langagier, variant selon les situations. Malgré ces avatars, et surtout l'absence de confirmation expérimentale des hypothèses théoriques, ces conceptions ont largement dominé dans les milieux psychopédagogiques des années soixante-dix/quatre-vingt, souvent sous une forme caricaturale du « handicap socio-culturel », que l'auteur lui-même n'aurait pas reconnue. L'échec scolaire était ainsi devenu un échec linguistique.

- **Les conceptions de Labov**

Les conceptions de Labov et sa méthodologie étaient assez différentes : en s'immergeant dans des communautés d'adolescents noirs dans des ghettos de New York, il a analysé leur langage comme un système de langue possédant sa propre logique et a récusé la notion de handicap sociolinguistique, qui reposerait sur des confusions entre logique et explicite d'une part, entre logique et grammaire d'autre part. En utilisant des comparaisons interlangues, il montre que l'omission de certains mots, souvent reprochée par les enseignants à ces enfants, existe dans plusieurs langues, sans que celles-ci soient considérées comme des langues non explicites. Labov souligne également la complexité de certaines règles grammaticales maîtrisées par ces jeunes, ce qui devrait faire abandonner l'idée de déficience linguistique. Il montre aussi l'importance du contexte de communication pour ces adolescents, que bien d'autres auteurs ont soulignée : la familiarité ou non de la situation, le caractère hiérarchique ou non de l'interaction, la valeur accordée à l'expression verbale par l'enfant et son groupe d'appartenance sont des facteurs d'expression plus ou moins complexe. Labov a surtout montré que le langage peut être analysé comme un fait social, dont les variations sont, elles aussi, soumises à des règles et à des structures ; ces variations rendent compte justement du caractère social du langage.

- **Les modes de socialisation**

Si l'idée de correspondance entre classe sociale et code langagier est désormais abandonnée, il est clair que les modes de socialisation de l'enfant jouent un rôle dans les différences interindividuelles de maîtrise de la langue. De nombreuses études sur les interactions adulte-enfant ont mis en évidence des variations dans les informations apportées par les adultes, les stimulations verbales, l'attention portée à l'expression verbale de l'enfant, les reprises des énoncés enfantins accompagnées de prolongements (les *expansions*), ou la quantité de discours destinée à contrôler le comportement enfantin, les autorépétitions de l'adulte.

Ainsi, en observant cinquante-six mères en interaction avec leur bébé âgé de moins de 1 an, un auteur américain a pu noter, il y a déjà longtemps, que les mères de classe moyenne adressent plus de vocalisations et de stimulations verbales à leur enfant que les mères de classe ouvrière ; parallèlement, les bébés des premières prêtaient plus d'attention que les autres à la voix de leur mère (plus de vocalisations, plus de regards dirigés vers la mère). Des résultats concordants ont été obtenus par de nombreux auteurs sur la précocité des différences : ce sont les mères qui ont le plus bas niveau d'instruction qui produisent le moins de stimulations verbales telles que des vocalisations contingentes ou des commentaires positifs. D'autres auteurs considèrent que les mères de milieux favorisés parlent davantage à leur enfant que les mères de milieux défavorisés : cette différence ne se traduit guère dans le discours spontané qui lui est adressé, mais plutôt dans les réponses verbales qui lui sont faites. Par leurs réponses, elles encouragent leur enfant à poursuivre et à renouveler l'interaction, elles expliquent et confirment les comptes rendus qu'il fait de ses expériences ; elles formulent aussi moins d'interdictions ou elles les expliquent en suggérant une alternative aux actions prohibées. Lorsqu'elles utilisent des procédés explicites d'enseignement, c'est surtout en réponse aux initiatives de l'enfant et non à des moments choisis par elles : elles intercalent des composantes d'enseignement dans des actes de langage dont la fonction première n'est pas l'enseignement. Elles répètent davantage les énoncés enfantins, en les expliquant, pour être sûres qu'ils sont bien compris et pour confirmer la validité du message.

Il apparaît dans ces analyses que certaines mères parlent *à* leur enfant, tandis que d'autres parlent *avec* lui. La place faite à l'enfant comme interlocuteur actif, qui peut introduire le thème de la discussion, qui est valorisé lorsqu'il rend compte verbalement de ses expériences de la journée, conditionne ses expériences langagières et leur diversité, et son propre sentiment de maîtrise. Certains disposent ainsi, vers l'âge de 4 ou 5 ans, de compétences langagières déjà solides et variées, à la fois pour tisser des liens, argumenter, décrire et représenter le monde, exprimer leur pensée. D'autres sont beaucoup moins habiles et ont probablement eu des expériences langagières moins diversifiées : l'école, par les verbalisations qu'elle demande, les situations discursives variées qu'elle propose, leur fait prendre conscience rapidement de ce décalage. Comme ils le disent eux-mêmes : « La maîtresse, elle dit que je parle mal, que je crie » ; « Elle pose des questions et je sais pas ce qu'il faut dire » ; « De toute façon, il y a toujours X, Y, ou Z (les grands parleurs de la classe) qui parlent avant ».

4. Peut-on réduire les différences ?

Cette question pose le problème de l'intervention dans le domaine éducatif, notamment dans la famille et à l'école.

• Les interventions auprès des familles

Pour ce qui est de la famille, de nombreux programmes d'éducation compensatoires ont été développés et appliqués dans plusieurs pays, et en particulier aux États-Unis, avec des succès assez limités : difficulté de définir ce que serait un « bon langage », difficulté d'impliquer les familles dans un programme contraignant, et surtout effets très limités dès lors que le programme compensatoire n'est plus appliqué.

Plusieurs études comparatives ont montré que le langage utilisé par des mères de différentes classes sociales n'est pas équivalent, mais que les écarts se creusent ou se réduisent selon les situations : globalement le langage des mères est plus riche et plus varié dans des activités, comme la lecture partagée, que dans les activités de soin (repas, habillage, etc.).

Encourager les mères dans de tels échanges, leur indiquer de manière simple l'importance de l'acquisition du langage pour le développement de leur enfant, et le rôle irremplaçable qui est le leur et celui des parents en général dans les apprentissages, tout cela peut faire partie des conseils à donner à la naissance d'un enfant, tout comme c'est le cas pour les conseils de puériculture, qui débouchent souvent, il est vrai, sur des prescriptions de divers produits pour bébé vendus dans le commerce. Certaines maternités ont entrepris des actions dans ce domaine, dont il faudrait pouvoir mesurer les effets. Les autres partenaires éducatifs des jeunes enfants tels que les personnels de crèche, de haltes-garderies, les assistantes maternelles font également des efforts dans le même sens. Mais il est vrai que bon nombre de parents, en difficulté socialement, restent à l'écart de telles informations, lorsqu'elles existent.

• Le rôle de l'école

Depuis quelques dizaines d'années, le discours pédagogique met l'accent, comme le rappelle Bronckart (1994), sur le fait que l'enseignement doit « partir de l'élève », s'ajuster au niveau de développement de chacun, et tenir compte de ses capacités d'expression verbale. Malgré cette continuité dans des principes que personne ne conteste, leur mise en œuvre s'avère toujours problématique : les enseignants n'ont guère la possibilité d'effectuer un bilan détaillé des compétences de chaque élève, et l'ajustement se fait, selon les cas, par rapport aux élèves moyens ou aux autres, selon que l'on vise principalement à un certain élitisme ou à une compensation des difficultés. De nombreuses études ont ainsi mis en évidence, dans plusieurs systèmes éducatifs, que l'école ne réduit pas les écarts entre les élèves et qu'elle peut contribuer à les accentuer, dans le domaine des apprentissages langagiers comme dans d'autres.

Les difficultés de lecture-compréhension des élèves à l'entrée au collège (10 % environ des élèves de ce niveau, voire plus selon les études, sont en difficulté pour lire et comprendre un texte simple) ont amené les responsables de l'enseignement à être plus attentifs aux apprentissages langagiers à l'école élémentaire. D'abord concentrée sur l'écrit, l'attention s'est portée plus récemment sur la maîtrise de l'oral, qui est devenue une priorité pour l'école maternelle. Les capacités de compréhension et de production orales ne sont plus considérées comme des pré-requis pour l'apprentissage de l'écrit : les recherches en psycholinguistique du développement nous ayant appris qu'elles sont le résultat d'apprentissages sociaux préalables, elles deviennent enfin l'objet d'apprentissage à l'école maternelle : « apprendre à parler et à construire son langage » est actuellement un domaine d'activité spécifique de la première école et participe aux autres domaines définis dans les programmes de l'école primaire depuis 1995.

Apprendre à parler et à construire son langage, s'initier au monde de l'écrit

Il faut distinguer, à l'école maternelle, deux types d'activités mettant en jeu le langage. Les premières relèvent des multiples situations au cours desquelles l'enfant peut rendre compte de ses premières expériences et apprendre ainsi véritablement à parler. Le rôle de l'adulte, en l'occurrence, est double. Il lui appartient de créer les occasions de lier l'expérience au langage. C'est lui aussi qui, par ses échanges avec l'enfant, lui permet de progresser dans la construction de la langue et

d'en mettre en œuvre le fonctionnement. Ces activités gardent leurs propres finalités, en dehors de l'acquisition linguistique proprement dite et, pour être efficaces dans ce domaine aussi, elles doivent conserver cette orientation. Elles ne sont pas, à proprement parler, des moments de langage. Cependant, tout en les menant à bien, le maître reste attentif à l'expression des élèves. C'est pour lui un moyen privilégié d'évaluer les progrès réels de l'acquisition du langage de chaque enfant et de solliciter davantage ceux qui en ont le plus besoin.
Un second type d'activités contribue à l'apprentissage du langage à l'école maternelle. Il s'agit de l'ensemble des situations pendant lesquelles les acquis linguistiques implicites des enfants deviennent l'objet d'exercices spécifiques et constituent le matériau même de l'activité de la classe. Les jeux verbaux relèvent de cet ensemble ainsi que les moments de langage proprement dits. Les uns et les autres permettent d'amener l'enfant à prendre progressivement conscience du sens du langage, à mieux le maîtriser, et à le confronter au code écrit pour apprendre à lire et à écrire.
Ces activités peuvent porter :
- sur les matériaux sonores de la langue ;
- sur la syntaxe ;
- sur le lexique ;
- sur le texte et sa structure.

Toutes les activités préparant à l'écriture et conduisant à reconnaître dans l'espace de la page des mots et des lettres, à savoir les copier ou les écrire, permettent ces apprentissages. C'est l'occasion, pour l'enfant, de se doter d'instruments efficaces lui offrant la possibilité de travailler sur son langage, d'en mieux comprendre le fonctionnement et de se préparer à l'articuler avec celui de la langue écrite.
L'initiation à la culture écrite vient compléter ces acquisitions importantes...

Extrait des « Programmes pour chaque cycle de l'école primaire. L'école maternelle », *Bulletin officiel de l'Éducation nationale*, 1995, n° 5, pp. 12-13.

Les observations des conversations scolaires que nous avons réalisées dans de nombreuses classes de maternelle (Florin, 1995) montrent néanmoins que ces situations typiques d'enseignement où un enfant n'est en interaction avec l'adulte qu'au sein du groupe, posent de nombreux problèmes aux enseignants et aux enfants. Il s'agit d'un dialogue entre l'enseignant et la classe, dans lequel : l'adulte prend la parole pour produire un ou plusieurs énoncés et solliciter collectivement le groupe ; répond qui peut ou qui veut ;

l'enseignant reprend la parole et utilise l'une des réponses fournies par les élèves et sollicite à nouveau la classe ; etc. Dans ces conversations :

– l'adulte parle à lui seul plus que tous les enfants réunis ; il dirige fermement la conversation et le traitement du thème choisi, notamment par ses nombreuses questions, qui relèvent plus souvent de la vérification de connaissances que d'une véritable demande d'information ; il ignore fréquemment les réponses non conformes à celles qui sont attendues ;

– quelle que soit la situation, le langage magistral conserve globalement les mêmes caractéristiques. Il varie peu en fonction de l'âge des enfants : il n'est pas plus simple formellement, pas moins informatif, ni plus personnalisé avec les enfants les plus jeunes ; il varie peu également en fonction des différences individuelles dans les compétences de communication des élèves, ou selon les thèmes traités, ou encore d'un groupe de travail à un autre ;

– dans ces situations, les enfants doivent se conformer aux choix thématiques de l'enseignant, réagir à des sollicitations magistrales rarement personnalisées, répondre à de nombreuses questions, souvent fermées, c'est-à-dire à une seule réponse possible. En outre, ils doivent formuler brièvement et clairement leur réponse, sous peine de ne pas être entendu, et que l'échange se poursuive avec un autre enfant, compte tenu de la concurrence pour l'accès à la parole. Il faut également interpréter, parmi les nombreuses absences de réponses magistrales, celles qui signifient la non-pertinence d'une intervention : entre 30 et 50 % des prises de parole enfantines ne reçoivent pas de réponse, soit parce qu'un autre enfant intervient spontanément, soit parce que l'enseignant s'adresse à la classe ou à un autre enfant pour poursuivre l'échange ; la probabilité d'obtenir une réponse diminue si la prise de parole est hors thème, incorrecte ou incompréhensible.

Dans ces conditions, bien des élèves ont des difficultés :

– les plus jeunes produisent fréquemment des réponses incorrectes ;

– leurs énoncés sont peu complexes, au moins jusqu'à la moyenne section, souvent faits de mots isolés, mais qui répondent bien à des questions fermées du type « La galette est sur la… ? » : il suffit de dire « fenêtre » pour s'adapter à la demande ;

– à tous les niveaux scolaires, un tiers des enfants environ ne participe pas, et ce de façon régulière, à de tels échanges, sans que des difficultés de langage puissent suffire à expliquer de tels écarts de participation avec les grands parleurs de la classe. Or les conséquences de tels fonctionnements sont loin d'être négligeables : dès la petite section, les enfants petits parleurs, qui restent à l'écart de la conversation scolaire, tendent à demeurer dans cette position les années suivantes. En outre, les comportements de participation verbale en maternelle, associés à d'autres aspects des comportements scolaires, constituent des prédicteurs de la réussite et des difficultés scolaires au début de l'école élémentaire.

Dans le cadre de diverses recherches sur la maîtrise du langage oral (*cf.* Florin, 1991 et 1995), nous avons expérimenté avec des enseignants certains aménagements des situations conversationnelles, notamment dans la taille et la composition du groupe. Pour ce faire, les enseignants divisaient leur classe en trois petits groupes de taille équivalente (entre six et dix élèves, selon l'effectif de la classe), en séparant grands, moyens et petits parleurs, afin que les premiers ne fassent pas écran aux échanges entre l'enseignant et les autres élèves. Il ne s'agit pas de groupes de niveaux, car ils sont constitués sur la base d'une quantité de participation verbale, indépendamment de la qualité de l'expression : on mélange ainsi, dans les grands parleurs, ceux qui « parlent à tort et à travers » et ceux qui interviennent à propos, avec des capacités langagières bien développées ; de même, parmi les petits parleurs, se retrouvent des enfants qui n'ont pas de difficulté d'expression dans des situations moins contraignantes et d'autres enfants dont les compétences langagières apparaissent plus limitées.

Dans ces séances, dont la durée pouvait être brève (de dix à quinze minutes), les enseignants avaient pour consigne de susciter l'expression de chacun, selon quelques principes généraux : apprendre aux enfants les règles de la conversation

et le respect des prises de parole de leurs camarades ; aider ceux qui ont le plus de difficultés d'expression à s'engager dans la communication, même non verbale ; alléger la charge cognitive, c'est-à-dire aider ceux qui en ont besoin à concentrer leurs efforts sur certains aspects de la production orale en les soutenant pour d'autres (par exemple : utiliser le théâtre et leur donner un petit texte simple à produire et à mimer, pour ne pas avoir à ce concentrer à la fois sur le choix des énoncés et sur l'expression orale devant les autres enfants de la classe) ; développer les activités de catégorisation pour enrichir les représentations sémantiques et le lexique ; familiariser avec les écrits et les expressions diverses de la culture écrite. Les résultats obtenus sont rapides et importants quant à la quantité de participation (*cf.* tableau ci-après), puisqu'au terme de deux séances, les écarts constatés en grand groupe-classe sont nettement réduits en petit groupe, voire disparaissent. D'une situation à l'autre, la production langagière est en réalité multipliée par :
- 1,5 à 2,4 pour les grands parleurs (A) ;
- 2,6 à 5,7 pour les moyens parleurs (B) ;
- 4,5 à 40,9 pour les faibles parleurs (C).

Nombre moyen d'énoncés produits par enfant en grand groupe (la classe) et en petit groupe conversationnel

Groupe \ *Section*	*Tout-petits*	*Petits*	*Moyens*	*Grands*
A Grand groupe	16,8	11,2	11,4	16,8
Petit groupe	21	16,9	27,4	23,9
(N)	(9)	(10)	(8)	(10)
B Grand groupe	4,1	2,9	10,2	8,1
Petit groupe	23,3	16,5	27,2	21,5
(N)	(10)	(10)	(9)	(10)
C Grand groupe	1,7	1	2,7	0,7
Petit groupe	7,7	11,7	22,2	28,6
(N)	(9)	(10)	(9)	(10)

A : grands parleurs ; B : moyens parleurs ; C : petits parleurs.
Le nombre de sujets est indiqué entre parenthèses.

D'après A. Florin, *Pratiques du langage à l'école maternelle et prédiction de la réussite scolaire*, 1991.

Dans le cadre d'un programme de recherche réalisé pour la Direction des écoles, nous avons examiné les résultats d'un travail spécifique mené par les enseignants de vingt-quatre classes de GSM (grande section de maternelle) sur la maîtrise de l'oral, reprenant les dispositifs déjà expérimentés, mais sur une année scolaire entière, avec un pilotage par les équipes de circonscription (inspecteurs, conseillers pédagogiques, psychologues scolaires et rééducateurs membres des réseaux d'aide).

Un tel travail en petits groupes conversationnels, dès lors qu'il s'inscrit dans la durée d'une année scolaire, permet de réguler l'accès à la parole de chacun et, pour les petits parleurs (souvent mutiques ou quasi mutiques dans les conversations en groupe-classe), de devenir des participants actifs aux échanges de la classe et leur fournit ainsi l'occasion d'exercer leurs capacités langagières : non seulement ils parviennent, pour nombre d'entre eux, à prendre la parole en petit groupe, mais ils participent aussi, au bout de quelques séances, aux conversations du grand groupe-classe. Ils ont également une meilleure représentation de l'écrit en début de CP que ceux qui n'ont pas bénéficié d'un tel entraînement.

De nombreuses écoles maternelles réalisent ainsi des projets spécifiques pour développer la maîtrise de la langue chez les jeunes élèves, à la fois dans les composantes de l'oral et dans l'initiation à l'écrit et à la culture écrite. Le développement des bibliothèques – des centres documentaires – participe également de ces actions prioritaires.

Espérons que l'école primaire y prendra aussi sa part, comme elle le fait déjà pour la maîtrise de l'écrit, car le développement de la maîtrise de l'oral, s'il était besoin de le rappeler, ne s'arrête pas à l'entrée au cours préparatoire !

Apprendre à prendre la parole dans un groupe et à maîtriser les règles de la conversation, utiliser différents genres de discours (narration, argumentation, jeux verbaux, discours de l'imaginaire, etc.), tout cela doit faire l'objet d'activités spécifiques, de plus en plus fréquemment à l'école maternelle. Un tel travail, qui ne se limite pas à la maîtrise des outils du langage (lexique, syntaxe, prononciation, etc.), peut porter rapidement ses fruits. L'évaluation du niveau des élèves à l'entrée au cours préparatoire et au-delà, dans le cadre des évaluations nationales de rentrée scolaire (actuellement en CP, CE2, 6e, 2e) devrait donner quelques indications à ce sujet, par comparaison avec les résultats d'évaluations antérieures.

Chapitre 5

Du langage oral au langage écrit : fonctionnement et dysfonctionnements

L'entrée à l'école primaire correspond, pour la quasi-totalité des enfants des sociétés développées, à l'apprentissage systématique de la lecture et de l'écriture. Mais la découverte de l'écrit est beaucoup plus précoce. L'enfant naît dans un monde d'écrits : chez lui, il peut voir les emballages de divers produits de consommation, des journaux, du courrier, des livres, des imprimés administratifs, etc. ; dans la rue, ce sont des indications écrites sur les immeubles, les magasins, certains panneaux de circulation, et des slogans publicitaires dont il va apprendre le sens avant même de savoir lire. Il peut aussi observer des adultes ou des enfants plus âgés dans l'activité solitaire et quelque peu mystérieuse de la lecture ou de l'écriture...

Bref, une certaine représentation de l'écrit précède la maîtrise du langage écrit : des apprentissages implicites font place progressivement à des apprentissages explicites, dans le cadre de la scolarisation. Comment les enfants progressent-ils dans cet apprentissage ? Examinons successivement les représentations précoces de l'écrit, puis les étapes de la maîtrise de la lecture et de l'écriture.

I. LES REPRÉSENTATIONS PRÉCOCES DE L'ÉCRIT

L'enfant se pose des questions sur le langage écrit et passe par plusieurs représentations de la nature et du fonctionnement de la langue écrite, dans lesquelles on peut retrouver, du moins en Occident, des étapes de l'histoire des systèmes d'écriture : *idéographique* ou *logographique*, *syllabique*, *alphabétique*.

Il commence par comprendre que l'écrit est porteur de sens et qu'il est différent du dessin ; si l'écrit est associé à une image, il donne lieu à un petit récit inventé qui ne tient pas compte de ses aspects quantitatifs ou qualitatifs. Puis quelques caractéristiques sont prises en compte, tels la longueur de l'énoncé, le nombre de segments séparés par un blanc, avant que l'enfant soit en mesure de traiter quelques syllabes ou des lettres isolément.

Plusieurs auteurs ont examiné les étapes de l'écriture en utilisant la technique de l'écriture inventée : on demande à l'enfant d'écrire des mots dont il n'a pas le modèle. On constate ainsi que, dans une première étape, il se sert de certains traits typiques de l'écriture, qui la distinguent du dessin, mais en différenciant les traces selon la taille des référents, par exemple ; ainsi il tracera plus de lettres pour écrire « ours » que pour « papillon ».

Puis il établit une correspondance entre les aspects sonores et graphiques de l'écriture : il trace une lettre et dit une syllabe comme dans l'exemple, cité par Ferreiro de l'écriture de P E lue en suivant du doigt : « vé-lo ». Lors d'activités de copie, les jeunes enfants peuvent marquer des espaces intramots ou, au contraire, ne pas séparer les mots, ce qui montre leurs difficultés à se représenter le mot en tant qu'unité linguistique distincte.

Grâce aux apprentissages scolaires, la phase alphabétique suivra, dans laquelle chaque graphie correspond à un phonème de la langue, avant la maîtrise de l'orthographe proprement dite.

Ce cheminement est plus ou moins aisé selon les enfants, certains ayant encore des difficultés à l'école primaire avec le langage technique de la lecture-écriture, pour distinguer les concepts de « lettre », « mot », « phrase », « ligne » ; d'autres ou les mêmes ont également des difficultés à saisir les relations oral-écrit. Plusieurs auteurs (Ferreiro, Fijalkow notamment) ont montré que ces difficultés sont associées à de faibles performances ultérieures en lecture-écriture. Dans une étude longitudinale réalisée dans notre laboratoire et permettant de suivre l'évolution des représentations et des capacités de lecture d'une centaine d'enfants pendant le cycle des apprentissages fondamentaux, depuis la grande section de maternelle (GSM) jusqu'au cours élémentaire première année (CE1), Écalle (1996, p. 287 et suivantes) a pu rendre compte des différences de représentations de trois groupes distingués en fonction de leur niveau de lecture en CE1 : les non-lecteurs (NL), les faibles lecteurs (FL) et les bons lecteurs (BL).

Les NL ont perçu dès la GSM un certain nombre d'enjeux sociaux liés à la lecture (autonomie, ouverture), mais ils n'ont pas conscience de la difficulté de cet apprentissage ni de leur position relative à l'acquisition de cette compétence. Ils sont les seuls à affirmer à la fois avoir appris et devoir apprendre. En CP et en CE1, ils considèrent la lecture et son apprentissage comme une activité difficile, un temps et un travail pénible.

Les FL et les BL ont des représentations différentes. Dès la GSM, les FL ont conscience que l'apprentissage de la lecture va se dérouler à l'école. En CP, les notions de plaisir et d'ouverture apparaissent. En CE1, l'idée d'ouverture persiste, ils disent avoir appris, avoir réalisé ce « travail » pour avoir de bonnes notes et éviter le redoublement. Les représentations des BL sont assez voisines des précédentes en GSM, mais ils sont les seuls à associer la famille à leur apprentissage. En CP, ils pensent avoir appris avec le maître et mentionnent le plaisir de lire. Les idées de plaisir, d'ouverture sont récurrentes en CE1, et ils considèrent que « Lire, c'est facile ».

Sur le plan développemental, les non-lecteurs ont dès la GSM des compétences langagières limitées (en compréhension du langage oral et en conscience phonologique). Leur niveau de conceptualisation de la langue progresse certes entre la GSM et le CP, mais il stagne par la suite.

Il semble ainsi que la représentation de l'écrit stagne chez certains enfants, à la fois du point de vue cognitif (représentation du mot, de la phrase, du texte) et du point de vue des enjeux sociaux, alors que, pour les autres, et à des degrés divers, on enregistre une progression régulière de l'ensemble des dimensions considérées.

II. L'APPRENTISSAGE DE LA LECTURE

1. Les étapes de l'acquisition

– Dans une première phase, dite *logographique*, le sens du mot est deviné à partir de sa configuration globale et la prise en compte de quelques indices grapho-phonologiques. Les enfants sont ainsi parfaitement en mesure d'identifier le logo de certaines marques telles Coca-Cola ou Smarties, dès lors que leurs caractéristiques principales sont respectées (couleurs du logo, type de caractères, etc.). Cette pseudo-lecture permet de reconnaître un petit nombre de mots, non pas par accès à un lexique interne, mais par la prise en compte de certains traits visuels saillants. Ainsi, on ne peut « lire » que des mots déjà connus. À ce stade, il n'y a pas de prise en compte de l'ordre des lettres et « masion » sera lu « maison ». Les enfants sélectionnent, selon le contexte, la réponse la plus probable parmi les mots qu'ils connaissent, avec un certain nombre d'erreurs : ainsi « voiture » pourra être lu « auto ». Il est possible de discriminer ainsi près d'une centaine de mots, en s'appuyant sur leur longueur et la position dans le mot de quelques formes connues.

– Dans une deuxième phase, dite *alphabétique*, s'opère la mise en correspondance de l'écrit et de l'oral, des ensembles de graphèmes et des ensembles de phonèmes. Ceci suppose de connaître les lettres de l'alphabet et les phonèmes auxquels elles sont associées, et de pouvoir effectuer une analyse phonologique de l'oral, c'est-à-dire de distinguer, dans des unités de sens, des unités sonores que sont les phonèmes. Cette capacité, dite métaphonologique, se manifeste au début de l'école primaire, en interaction avec l'apprentissage de la lecture : elle facilite l'apprentissage de la lecture et se développe grâce à cet apprentissage. Les jeux sur les mots, souvent pratiqués à partir de la grande section, y contribuent : par exemple, qu'entend-on de pareil dans « pantalon » et « pantoufle », ou dans « lapin » et « sapin » ? Cette activité d'association entre des lettres et un phonème, activité de décodage, est encore laborieuse et s'effectue au détriment de la compréhension. Contrairement à ce que l'on a cru, elle n'est pas complètement absente chez les adultes, même si elle est alors beaucoup plus rapide et concerne des unités plus larges que la lettre.

– La troisième et dernière phase, *orthographique*, permet la reconnaissance directe des mots sur leurs aspects orthographiques, sans recours systématique à la conversion phonologique. L'accès aux mots devient plus analytique et s'opère grâce à un système sémantique verbal, qui permet de traiter non plus des configurations d'ensemble (comme au stade logographique), mais des ensembles d'unités orthographiques dont les combinaisons produisent des mots différents (« soupe » et « loupe »). Les enfants deviennent capables de lire des mots, quels qu'ils soient, fréquents ou non, réguliers ou non (« femme » ou « album »), les mots peu fréquents ou irréguliers étant lus plus lentement.

Ce modèle en stades, élaboré par Frith en 1985, est désormais classique (*cf.* Fayol *et al.*, 1992, pour une revue de question) et constitue un cadre général d'explication. Mais il ne permet guère de rendre compte des différences interindividuelles et réduit l'apprentissage de la lecture à l'identification de mots écrits. Or lire, c'est aussi comprendre, c'est-à-dire un processus complexe dans lequel s'opèrent à la fois des traitements syntaxiques et sémantiques. On a ainsi analysé plus en détail le rôle de la lecture par analogie, utilisée par les adultes et par des enfants vers le CE1 : connaissant le mot « bien », on peut lire « rien » en reconnaissant la rime, ou « voilure » à partir de « toiture ».

2. Les approches connexionnistes

D'autres conceptions que celle de Frith sont actuellement développées, à partir du modèle connexionniste de Seidenberg et McClelland en 1989, selon lequel l'apprentissage va affecter les connexions entre les différentes unités orthographiques et phonologiques du système de certains poids représentant les connaissances sur la langue écrite : l'apprentissage se traduirait par un réajustement de la force de certaines connexions à chaque rencontre avec un mot écrit. À chaque association entre configuration orthographique et phonologique, le poids des liaisons est modifié, ce qui augmente la facilité d'activation de certains patrons et diminue celle des autres. Ce modèle a été implanté avec succès sur ordinateur pour simuler certains aspects de l'activité de lecture. Il reste à le développer pour rendre compte véritablement de l'apprentissage.

3. De l'accès au lexique à la lecture-compréhension des textes

En outre, comment passer du traitement du mot à celui de la phrase et du texte ? Les modèles cognitifs actuels de la lecture considèrent essentiellement l'accès au lexique et supposent qu'il n'y a pas d'évolution des procédures à l'œuvre à ces différents niveaux, pas plus que dans les capacités générales de traitement du langage associées à la manipulation de l'écrit. Seule l'activité de décodage serait spécifique à la lecture : ainsi, lorsqu'un enfant comprend le langage oral et parle normalement, il suffirait de lui apprendre à décoder pour qu'il sache lire. En fait, même si la plupart des auteurs s'accordent actuellement à reconnaître toute l'importance du décodage dans la lecture, d'autres capacités sont impliquées pour lire et comprendre : prendre en compte la syntaxe des phrases écrites, les informations explicites et implicites du texte, contrôler et réguler la compréhension, ainsi que le note Fayol (1992).

Alors peut-on améliorer la lecture-compréhension ? Il semble que oui, si l'on peut « inciter le lecteur à contrôler et réguler ses prises d'informations et ses activités d'intégration » (Fayol, p. 97). Deux voies sont possibles : modifier le texte ou agir sur le lecteur. Dans le premier cas, on peut attirer l'attention du lecteur par divers procédés (soulignement, changement de caractères, etc.) sur certaines informations, afin de faciliter leur sélection et un traitement plus approfondi ; on peut aussi segmenter le texte en petites unités, ce qui semble faciliter l'activité des faibles lecteurs, ou aider à l'intégration des informations, en proposant avant le texte un plan d'ensemble, un titre ou un résumé plus ou moins détaillé, une base de texte réduisant le nombre d'inférences nécessaires à la compréhension. L'autre voie consiste à intervenir sur le lecteur, en lui enseignant des procédures telles que clarifier le but, activer les connaissances préalables, établir les inférences, évaluer la cohérence, prédire la suite, afin de l'amener à maîtriser des procédures indispensables à la lecture-compréhension et à réguler sa propre activité en évaluant l'efficacité des procédures utilisées. Si les effets positifs de telles démarches sont confirmés, il deviendrait possible d'enseigner la lecture-compréhension, ce qui supposera une formation des enseignants en la matière.

4. Graphisme et écriture

Si la littérature sur l'acquisition de la lecture est abondante, il n'en est pas de même pour l'activité graphique. Depuis les travaux de Wallon et de Lurçat sur le dessin de l'enfant et le schéma corporel dans les années cinquante, qui considéraient l'acte graphique comme une projection du mouvement dans l'espace graphique, quelques auteurs se sont attachés à explorer les facteurs linguistiques et non linguistiques de l'écriture (Ollivaux, 1988).

Lurçat (1979) considère différents aspects de la genèse de l'acte graphique. Du point de vue moteur, la complication des tracés est directement en rapport avec l'évolution des mouvements qui les engendrent, et le contrôle moteur. On peut ainsi comprendre la genèse des tracés circulaires, grâce à la coordination de certains mouvements au niveau de l'articulation du bras autour de l'épaule ; la maturation du fléchisseur du pouce permet, vers 2 ans, les premiers tracés morcelés et miniaturisés ; l'apparition de courbes plus complexes vers 3-4 ans suppose un double mouvement de rotation, du bras autour de l'épaule et de la main autour du poignet ; elle conditionne la possibilité motrice de l'écriture.

Vers 2 ans, l'activité graphique s'accompagne de verbalisations : la trace laissée par le crayon devient le but de l'activité graphique et elle est interprétée par l'enfant comme symbolisant un objet. Le graphisme prend alors la forme d'idéogrammes qui schématisent les objets, grâce à diverses combinaisons de cercles et de segments de droite. Vers 3 ou 4 ans, il s'enrichit d'arabesques, et il devient possible de distinguer un graphisme de dessins ou d'idéogrammes et un graphisme d'écriture. L'enfant est alors rapidement capable d'imiter des modèles, ce que l'école va lui proposer régulièrement (reproduire des boucles, des spirales en série, avant l'écriture « en attaché »). Le contrôle de l'acte graphique, des formes et des trajectoires, l'utilisation correcte des outils d'écriture (stylos, marqueurs, crayons de qualité variable) prendront encore plusieurs années et seront travaillés régulièrement durant l'école primaire.

Les approches cognitives du traitement de l'écrit considèrent généralement que des capacités cognitives similaires, liées à la structure de l'écrit, sont impliquées dans l'acquisition de la lecture et de l'écriture : capacités métaphonologiques, compréhension orale, connaissance du code, capacités de la mémoire de travail, etc. (Guimard, 1997). Des travaux récents considèrent que la maîtrise de la lecture-écriture passe par une automatisation : on sait vraiment lire ou écrire lorsqu'on a automatisé les procédures nécessaires, en quelque sorte lorsqu'on le fait « sans y penser ». On analyse les dysfonctionnements en termes d'élaboration insuffisante d'une ou plusieurs de ces capacités de traitement de l'information ; cette insuffisance nécessiterait une charge cognitive ou un contrôle supplémentaire pour le sujet, et compromettrait leur automatisation, selon la théorie développée dans les années quatre-vingt-dix par Nicholson et Fawcett. On retrouve dans l'acquisition de l'écriture des étapes similaires à celles de la lecture, avec les premières traces d'un codage phonologique, puis l'écriture de mots à partir d'un codage syllabique, avant la prise en compte dans le graphisme des correspondances phonographiques. La maîtrise de l'orthographe prendra de nombreuses années, et il semble que bon nombre d'étudiants ont encore des difficultés en la matière, au vu de leurs copies d'examen…

D'autres facteurs peuvent contribuer également à la maîtrise de l'écrit, comme à celle de l'oral, et sont relatifs aux conditions sociales d'apprentissage, aux stimulations que l'enfant reçoit dans son milieu (famille, école) : donner des occasions d'écrire, donner le goût d'écrire, comme de lire, est l'affaire de l'école, mais pas seulement d'elle.

III. LES TROUBLES DE L'ACQUISITION DU LANGAGE ORAL ET ÉCRIT

1. Les difficultés de certains diagnostics

Quand peut-on considérer qu'il y a un trouble du langage ou retard de développement ? On peut comparer les conduites langagières actuelles d'un enfant à celles qui devraient normalement être présentes compte tenu de son âge. Mais il est quelquefois difficile de distinguer entre un écart pathologique et un écart qui ne l'est pas : nous n'avons pas de référence suffisamment précise sur ce qui constitue des conduites langagières normales à un âge donné, simplement parce qu'il existe des variations interindividuelles importantes dans l'utilisation du langage et dans son rythme d'acquisition, ainsi que nous l'avons vu dans les chapitres précédents.

En outre, lorsque l'origine des dysfonctionnements n'est pas organique, on a beaucoup de difficulté pour les identifier (Khomsi, 1996, p. 438) : « On constatera, alors, qu'en fonction des époques, de l'affiliation idéologique des interlocuteurs ou de leur formation préalable, le système explicatif dominant sera de type sociologique, psychoaffectif ou neurophysiologique. » On est alors conduit à décrire des symptômes, en étant très dépendant des moyens techniques et théoriques d'évaluation, comme le souligne Khomsi.

2. Régressions, retards et troubles acquis

On peut distinguer, avec Rondal et Seron (1989), les régressions, les retards et les troubles acquis.

Les *régressions* se manifestent par la réapparition chez un enfant de conduites langagières antérieures qui avaient disparu pour laisser place à des conduites plus évoluées. Encore faut-il savoir que le développement n'est pas linéaire, qu'il peut comporter normalement des avancées et des reculs tant que les acquis ne sont pas consolidés et que cette oscillation entre divers comportements n'est pas en soi pathologique. Des régressions vers un « langage bébé » peuvent apparaître lors d'événements vécus comme traumatisants, tels une maladie, la naissance d'un petit frère ou l'éloignement d'un parent. Elles sont alors souvent accompagnées d'autres signes tels que des difficultés d'endormissement, l'incontinence, le besoin d'être cajolé ou nourri comme un bébé.

Les *retards* de développement peuvent être encore plus difficiles à apprécier, notamment lors de leur installation, pour prédire leur caractère transitoire ou permanent. La pression de certains parents, qui savent que la maîtrise du langage est une condition importante de la réussite scolaire, peut contribuer à cristalliser une difficulté passagère.

Les troubles acquis sont souvent le signe d'une autre pathologie sous-jacente, par exemple dans certains troubles articulatoires, mais pas toujours : il existe des bégaiements transitoires dans le développement et d'autres qui ne le sont pas, des difficultés de prononciation avec la chute des dents de lait et d'autres qui nécessitent une prise en charge rééducative.

Plusieurs examens sont souvent nécessaires pour établir le diagnostic, ainsi qu'une bonne connaissance de l'histoire de l'enfant. Un autre élément d'importance dans le diagnostic consiste à considérer le langage de l'enfant en relation avec les autres aspects de son développement (intellectuel, sensorimoteur, affectif) et les caractéristiques de son milieu (situation familiale, conditions de vie, déroulement de la scolarité). Certaines populations d'enfants sont ainsi considérées comme « à risques », parce qu'il existe une corrélation statistique entre tel trouble du langage et telle ou telle caractéristique extralangagière. Mais, là encore, la prudence doit être de mise, parce qu'un lien statistiquement fondé sur une population importante ne s'applique pas obligatoirement à un enfant particulier : tous les prématurés n'ont pas de retard de langage ; tous les enfants de milieux sociaux défavorisés, ou qui ont à un certain moment des relations conflictuelles avec leur mère, ne souffrent pas de handicap langagier. Dans une période où il semble que, dans certaines circonscriptions de l'Éducation nationale, 25 % des enfants de cours préparatoire soient suivis en orthophonie, la prudence est de mise, et l'attention des parents et des enseignants doit être attirée sur cette question. Il serait aberrant de considérer que 25 % des enfants d'une classe d'âge relèvent d'une prise en charge pathologisante de difficultés langagières : il faut aussi laisser aux enfants le temps de grandir et ne pas déposséder l'école et la famille de leurs fonctions d'enseignement et d'éducation.

3. Le bégaiement et les troubles de l'articulation

Il existe plusieurs troubles de la parole et de l'articulation ; l'un des plus connus est le bégaiement.

- **Le bégaiement**

Il existe de nombreuses définitions du bégaiement. Selon celle donnée par Wingate en 1964, il s'agit d'une perturbation de la fluidité de l'expression verbale caractérisée par des répétitions ou prolongations involontaires qui se manifestent fréquemment et ne sont pas facilement contrôlables. Il s'accompagne généralement d'un état émotionnel de tension, de gêne, ou d'excitation. Les cadres explicatifs sont au moins aussi nombreux que les définitions, ce qui traduit la difficulté à identifier les causes précises du bégaiement ; il en est de même des thérapies qui se déclarent définitives, ce qui devrait inciter à la méfiance.

En général, le bégaiement apparaît assez tôt, vers 3 ou 4 ans et touche davantage de garçons que de filles, peut-être en raison d'un contrôle neuromusculaire de la parole moins stable chez les premiers que chez les secondes. Dans certains cas, les difficultés de parole s'accompagnent de gestes de différentes parties du corps ou de grimaces. Souvent, le bégaiement des jeunes enfants évolue et finit par disparaître sans intervention ; sinon, diverses thérapies sont proposées, telles que la relaxation, les psychothérapies, la suggestion (amener l'enfant à constater qu'il peut parler normalement), un travail sur le rythme et le débit de la parole, etc.

D'autres perturbations du rythme ne sont pas assimilées au bégaiement et sont qualifiées de *bredouillements* : la parole est saccadée, la voie monotone, on perçoit des substitutions de mots ou de syllabes, ou certaines sont omises. Comme pour le bégaiement, diverses hypothèses explicatives sont avancées : hérédité, problèmes spécifiques du système nerveux central, immaturité linguistique, etc. Les thérapies sont également diverses et utilisent souvent un travail sur le rythme de la parole, l'imitation et le feed-back (entendre ce qu'on vient de lire) avec autocorrection.

- **Autres troubles de l'articulation**

Certains enfants présentent des défauts de prononciation sur les voyelles ou les consonnes. L'origine de ces difficultés peut être organique ; c'est le cas, par exemple chez des infirmes moteurs cérébraux ou des déficients auditifs, ainsi que chez des enfants ayant une malformation de la structure dentaire. Mais il existe aussi des troubles fonctionnels, sans origine organique, qui peuvent être interprétés, selon les cas, comme une difficulté motrice ou un problème de discrimination de la parole. L'entraînement à la production ou à la discrimination de contrastes phonologiques est souvent utilisé pour traiter de tels troubles.

4. Aphasie, retard, dysphasie et audimutité

- **L'aphasie**

C'est un trouble important dans l'acquisition du langage, qui se manifeste chez des enfants ayant un développement normal des capacités cognitives non verbales, ainsi qu'une intégrité de leur appareil sensoriel et moteur. Le déficit porte exclusivement sur les capacités nécessaires à l'expression et à la compréhension des éléments séquentiels du langage oral. Ce handicap se manifeste précocement, avant l'âge de 2 ans et demi. Il se traduit par l'incapacité à reproduire correctement une séquence de sons, de profonds troubles d'articulation, des verbalisations limitées à quelques mots ou stéréotypées, des problèmes sévères dans le traitement de la syntaxe ; des difficultés profondes de compréhension sont souvent associées.

Il existe plusieurs hypothèses explicatives de l'aphasie qui se rejoignent pour considérer qu'il s'agit d'un déficit dans la capacité de traitement des signaux auditifs, dans l'analyse phonologique et le traitement séquentiel, impliquant certaines zones du cortex auditif de l'hémisphère gauche.

Le pronostic et la remédiation sont largement fonction de la plus ou moins grande précocité du dépistage. Lorsque celui-ci peut être effectué avant l'âge de 6 ans et qu'une bonne prise en charge rééducative est assurée, les chances de réintégration dans l'enseignement normal après traitement sont assez grandes ; pour un dépistage plus tardif, le pronostic est beaucoup plus pessimiste.

- **Le retard de langage**

Il correspond à des acquisitions un peu plus tardives que la norme : l'enfant parle très peu ou mal entre 2 et 6 ans. Sa compréhension semble meilleure que sa production, mais des difficultés se manifestent dans la compréhension des notions spatiales ou temporelles par exemple, ainsi que dans la répétition de mots et surtout de phrases. Le retard simple de langage s'accompagne souvent d'un retard moteur, et de troubles affectifs. Le pronostic est variable : certains enfants récupèrent ce retard avant l'entrée à l'école primaire, mais ce n'est pas le cas pour d'autres ; les difficultés associées renforcent les problèmes langagiers, et le retard de langage va souvent annoncer des difficultés scolaires ultérieures, notamment la *dyslexie*.

Les retards simples du langage ont souvent des causes multiples : facteurs héréditaires, conditions socioculturelles, problèmes affectifs et relationnels.

- **La dysphasie**

Elle est définie par Estienne comme :

> un déficit du langage oral se manifestant principalement à partir de 6 ans sous la forme d'une inorganisation du langage en évolution et qui peut se répercuter dans le langage écrit sous l'aspect d'une dyslexie-dysorthographie chez des sujets par ailleurs normalement développés,

> sans insuffisance sensorielle, motrice, ni phonatoire, mais dotés d'une structure mentale particulière qui empêcherait l'accession de l'intelligence au stade analytique.
>
> Estienne, dans J.-A. Rondal et X. Seron, *Troubles du langage : diagnostic et rééducation*, 1989, p. 386.

Alors que le retard simple se manifeste par un décalage dans l'évolution du langage, la dysphasie se caractérise par un langage médiocre, à la structure perturbée. Elle peut être associée à des perturbations de la structure affective et à des difficultés dans le traitement de l'écrit, en lecture, orthographe, rédaction et dans l'accès aux notions abstraites. Ces difficultés conduisent souvent à un retard scolaire de deux ou trois ans.

- **L'audimutité**

C'est un déficit massif de l'élaboration du langage, relativement rare, qui aura des répercussions sur la suite du développement langagier, sur les acquisitions cognitives et le devenir de l'enfant. Celui-ci apparaît comme entendant et muet, mais n'a pas de déficit auditif ni intellectuel. Le diagnostic est très difficile à établir avant 6 ans, et la pathologie peut être confondue avec celle de l'arriération mentale, de la surdité ou d'une psychose infantile. L'étiologie est aussi imprécise que celle du retard de langage et de la dysphasie : lésion cérébrale ? Prédisposition constitutionnelle ?

5. La dyslexie

La dyslexie est un trouble de l'identification du mot écrit, associé à une intelligence normale, qui se manifeste par des confusions de lettres ou de sons, par des omissions de lettres ou de syllabes, des inversions ou des additions de lettres. Elle touche environ 5 à 10 % de la population, selon les critères retenus : des déficits d'analyse phonologique et de mémoire de travail ont été mis en évidence chez ces sujets et les causes génétiques et neurologiques sont assez largement explorées depuis les années quatre-vingt-dix, ce qui n'empêche pas bon nombre de thérapies de privilégier les difficultés relationnelles comme explication dominante, sans grand succès d'ailleurs. La dyslexie est souvent associée à des difficultés dans la maîtrise de l'orthographe, désignées sous le terme de *dysorthographie*. Son évaluation se fait généralement dans le cadre scolaire et correspond, pour certains auteurs, à au moins 2 ans de retard dans la maîtrise de l'écrit.

On note que les enfants dyslexiques s'appuient, plus que les autres lecteurs, sur le contexte pour identifier les mots écrits, et développent des stratégies de compensation pour réussir à lire. Un exemple est donné par Khomsi (1996, p. 451), qui propose à des enfants de vérifier l'adéquation du mot *binyclette* à l'image d'une bicyclette et d'en donner une justification quand la réponse est négative. Certains enfants dyslexiques rejettent le mot, en proposant des justifications qui impliquent le recodage phonologique. D'autres acceptent le mot, parce qu'ils ne le traitent que sous une forme globale et utilisent peu le recodage phonologique. Ils sont qualifiés par certains auteurs de *chinois*, parce que leurs erreurs de lecture et d'orthographe font appel à des formes logographiques, allusion à la forme idéographique de l'écriture de cette langue. Les précédents sont appelés *phéniciens*, par référence à l'invention de l'alphabet : ils développent des stratégies inverses. Un troisième groupe rejette le mot en s'appuyant sur le contexte imagé proposé. Voici des exemples de réponses d'enfants dyslexiques recueillies par Khomsi :

– réponses impliquant un traitement phonographique : ça prend un *c* à la place du *n* ; il faut mettre *si* à la place de *ni* ; on ne peut pas dire *binyclette* ;

– réponses impliquant un traitement iconique (imagé) : oui, c'est *bicyclette* ; j'aurais mis *vélo* mais il y a *bicyclette* ;

– réponses impliquant un traitement contextuel : ça commence pas pareil ; je connais *vélo*, c'est plus petit ; il n'y a pas *le* devant.

Les stratégies de compensation font que l'enfant opère une vérification partielle qui peut correspondre aux stratégies de reconnaissance du début de l'apprentissage : la première lettre, la silhouette du mot ou le type d'article attendu sont ainsi vérifiés. Identifier ces stratégies est très important pour comprendre les troubles d'apprentissage. Diverses méthodes de rééducation sont disponibles, fondées là aussi sur des conceptions théoriques différentes de la dyslexie et quelquefois peu actualisées. On peut regretter le manque de formation du milieu scolaire en la matière et la faible prise en compte des dyslexiques dans leur scolarité, ce qui conduit nombre d'entre eux vers l'illettrisme. Dans différents pays, comme la Belgique, les États-Unis ou le Canada, les enfants dyslexiques bénéficient de programmes spécifiques intégrés dans le système scolaire, afin de leur permettre de poursuivre normalement leurs études.

IV. DE L'ORAL À L'ÉCRIT : LE DÉPISTAGE DES DIFFICULTÉES

La question du dépistage des dysfonctionnements est un enjeu souvent important pour la maîtrise ultérieure du langage et ce qu'elle conditionne dans les domaines intellectuel, affectif, social et scolaire. La précocité du dépistage, du diagnostic et de la prise en charge, lorsque celle-ci est nécessaire, est une condition de l'amélioration qu'on peut espérer pour l'enfant. C'est souvent dans le cadre scolaire que le signalement sera effectué : à l'école maternelle pour les troubles du langage oral, en début d'école primaire pour ceux du langage écrit.

Le signalement est fonction aussi de la tolérance qu'on peut avoir pour tel ou tel type de difficulté : des troubles de fonctionnement de la langue orale sont-ils toujours pris en compte, s'ils n'empêchent pas la communication ? Y sera-t-on sensible si les préoccupations de l'entourage sont focalisées sur l'acquisition de la lecture ? Or les difficultés de la maîtrise de l'oral sont souvent des prédicteurs de difficultés dans l'écrit (Khomsi, 1990) et plus largement dans l'activité scolaire (Florin, 1991).

En outre, les parents et les éducateurs sont souvent plus sensibles à des difficultés de production (défaut de prononciation, vocabulaire limité, erreurs d'organisation syntaxique, etc.) qu'aux problèmes de compréhension. Ces derniers sont beaucoup plus difficiles à identifier, parce que dans la vie courante, le langage est contextualisé, contrairement à ce qui se passe lors d'une évaluation psychologique ou dans le cadre de l'activité de lecture. L'enfant peut se servir du contexte non verbal pour tenter de comprendre ce qui est dit, et dans bon nombre de cas, cette stratégie de compensation s'avère efficace pour produire une réponse acceptable : « Enfile ta veste » peut être compris simplement par des indices de contexte tels que la préparation d'autres personnes pour une sortie ou le geste de tendre la veste vers l'enfant. Dans le contexte scolaire, celui qui a des difficultés de compréhension pourra passer pour un élève timide, ou encore il lui suffira dans un certain nombre de cas de se comporter comme les copains pour faire illusion.

Or les difficultés de compréhension sont souvent plus graves pour l'avenir que les problèmes de production. Aussi est-il important de les repérer dès que possible : tout adulte est en mesure d'interpeller un enfant et de lui demander d'exécuter par exemple une consigne simple, en veillant à ne pas donner d'indice non verbal, et si possible en étant détourné de lui pour qu'il ne puisse suivre les mots sur les lèvres. Ce petit jeu est un moyen d'évaluation rudimentaire de la compréhension ; mais répété dans plusieurs circonstances différentes, en posant des questions précises, il permet d'alerter sur des difficultés de l'enfant qu'il conviendra ensuite de faire examiner par un spécialiste : l'enfant entend-il correctement ? A-t-il de véritables difficultés de compréhension ou d'un autre ordre ? Lesquelles ? Comment y remédier ? À partir d'un diagnostic aussi précis que possible, il sera alors possible d'aider l'enfant, si nécessaire, à surmonter ses difficultés, en indiquant également aux parents comment ils peuvent eux-mêmes contribuer à cette aide.

Le diagnostic précoce, lorsqu'il peut être effectué, constitue une chance supplémentaire pour l'enfant de surmonter ses difficultés.

Conclusion

Apprendre sa langue maternelle

De la discrimination des phonèmes de la langue chez le fœtus à la maîtrise de la lecture et de l'écriture, le parcours de l'enfant dans la découverte de sa langue maternelle et de ses usages est à la fois complexe et relativement bref.

C'est un parcours complexe, parce qu'il interagit avec les autres aspects du développement (intellectuel, affectif, social, moteur, etc.), parce qu'il nécessite un dispositif neurophysiologique extrêmement sophistiqué, une mobilisation quasi continue des capacités de traitement de l'information, notamment verbale, un environnement humain à l'écoute, prêt à encourager et à stimuler les découvertes de l'enfant, et un désir de communiquer, de traduire des pensées en mots et de connaître les pensées d'autrui.

Mais c'est aussi un parcours relativement bref, puisqu'en cinq ou six ans, l'enfant apprend à maîtriser les bases de sa langue orale, et avec trois ou quatre années de plus, il est généralement capable d'utiliser l'écrit, au moins de façon élémentaire. C'est, somme toute, assez peu, comparativement à d'autres capacités (maîtriser une seconde langue apprise au collège et au lycée, devenir docteur d'université, etc.).

Certes, l'acquisition ne s'arrête pas là, du moins faut-il le souhaiter, car la maîtrise du langage, c'est aussi la connaissance de certains vocabulaires techniques, lors des études ou en milieu professionnel ; c'est apprendre à jouer avec les mots, dans l'humour, l'ironie ou la poésie ; c'est encore l'art d'argumenter à l'oral et à l'écrit, celui de convaincre ou de faire rêver…

Les connaissances disponibles sur cette activité spécifiquement humaine se sont considérablement développées au cours des vingt dernières années, que ce soit sur les capacités précoces des bébés ou les approches cognitives de la lecture par exemple ; aussi la formation permanente et actualisée des éducateurs, des enseignants et des thérapeutes dans ce domaine est-elle de la plus grande importance.

Il n'en reste pas moins bien des zones d'ombre qui n'ont pu encore être levées, que ce soit par des simulations dans le domaine de l'intelligence artificielle, les travaux de la neuropsychologie ou le développement des théories, observations et expérimentations des psychologues. Les prochaines années devraient y contribuer et relativiser peut-être certaines interprétations actuelles, comme dans tout domaine scientifique. D'ici là, rappelons-nous que la complexité des conduites langagières et de leurs dysfonctionnements ne saurait être réduite à des explications univoques.

Rappelons-nous également que le développement n'est pas un parcours linéaire, qu'il est fait d'oscillations, de régressions ponctuelles tant que les acquis ne sont pas stabilisés : soyons attentifs aux difficultés des enfants, dans ce domaine comme dans les autres, mais laissons-leur le temps de devenir grands…

Glossaire

Béhaviorisme : de l'anglais « behavior » (comportement). Le béhaviorisme classique expliquait l'activité psychologique en général, y compris le langage, par l'association entre stimulus et réponse, sans considérer d'autres variables. Une telle position n'est plus soutenue aujourd'hui, et la psychologie cognitive contemporaine considère comme essentielle dans l'explication des fonctionnements psychologiques l'activité propre du sujet, ses stratégies de traitement de l'information.

Compétence : en psycholinguistique, connaissance intuitive qu'a un sujet du système des règles de la langue, qui lui permet de comprendre et de produire une infinité de phrases.

Connexionnisme : théorie cognitive, selon laquelle l'apprentissage correspond à l'établissement de liaisons (connexions) entre stimulus et réponse. Le fonctionnement cognitif est conçu comme un réseau d'interconnections fonctionnant en parallèle, selon le modèle des réseaux neuronaux.

Expansion : dans les interactions adulte-enfant, reprise par l'adulte d'un énoncé enfantin avec ajout d'information.

Lexique : vocabulaire, répertoire de mots. Le lexique mental regroupe les correspondances entre les différents aspects des mots (graphique, phonologique, sémantique).

Modulariste : les théories modularistes font du traitement du langage un système périphérique spécialisé dans le traitement des données verbales, imperméable à tout autre type d'information (connaissances générales, contexte, etc.) et à tout contrôle central, d'où la rapidité de son fonctionnement. Elles ont servi de bases aux modèles informatiques de traitement du langage et permettent de rendre compte des aspects séquentiels du fonctionnement.

Morphème : la plus petite unité de signification dans un mot. Exemple : « chantons » comporte deux morphèmes « chant » et « ons ».

Performance : utilisation par le sujet du système de règles de la langue ; actualisation de la compétence (voir ce mot).

Phonèmes : éléments sonores du langage, non porteurs de sens, mais permettant d'établir des différences de sens. Exemple : pour « lampe » et « rampe », les sons correspondant à « l » et « r » sont des phonèmes.

Pragmatique : étude du langage dans ses conditions d'utilisation (situation, interlocuteurs, etc.).

Prosodie : aspect mélodique de la parole, incluant des caractéristiques de tempo, d'intonation, de rythme, d'accent, qui peuvent avoir des significations linguistiques (marquage de la fin d'un mot ou d'une phrase) ou non linguistiques (traduction d'un état émotionnel).

Schéma narratif : organisation interne du récit, sous une forme canonique permettant de passer d'un état initial à un état terminal, grâce à plusieurs phases (exposition, complication, résolution, évaluation, morale).

Sémantique : analyse du sens des mots ou d'une production verbale.

Syntagme : groupe de mots formant une unité du point de vue grammatical à l'intérieur de la phrase. Syntagme nominal = groupe du nom (« le chat ») ; syntagme verbal = groupe du verbe (« attrape la souris »).

Syntaxe : l'organisation des unités linguistiques (mots, syntagmes) en phrases.

Théorie de l'esprit : aptitude à comprendre les actes d'autrui en inférant des états mentaux ; penser qu'autrui pense, et qu'il pense éventuellement différemment de vous. Cette aptitude ne serait pas spécifiquement humaine ; elle a d'ailleurs été évoquée pour la première fois à propos du chimpanzé.

Bibliographie

BERNSTEIN B. (1975), *Langage et classes sociales*, Paris, Éd. de Minuit.

BOYSSON-BARDIES B. (de) (1996), *Comment la parole vient aux enfants*, Paris, Odile Jacob.

BRONCKART J.-P. (1994), « Projets d'enseignement et capacités d'apprentissage. L'exemple de la langue maternelle », dans *Les Entretiens Nathan : enseigner, apprendre, comprendre*, Actes IV (sous la dir. d'A. Bentolila), Paris, Nathan.

BROWN R. (1973), *A First Language : the Early Stages*, Cambridge, Harvard University Press.

BRUNER J.-S. (1983), *Le Développement de l'enfant : savoir faire, savoir dire*, Paris, PUF.

BRUNER J.-S. (1987), *Comment les enfants apprennent à parler*, Paris, Retz, 1987.

Bulletin officiel de l'Éducation nationale, « Programmes pour chaque cycle de l'école primaire. L'école maternelle », 1995, n° 5, pp. 12-13.

CARON J. (1992), *Précis de psycholinguistique*, Paris, PUF.

CLAVE C. (1997), *Contribution à l'étude des relations entre les connaissances lexicales et la catégorisation chez les enfants de 4 à 6 ans*, thèse de doctorat, université de Nantes, Laboratoire de Psychologie.

ÉCALLE J. (1996), *Fonctionnement cognitif et représentations chez l'apprenti lecteur au cycle II : perspectives développementale et différentielle*, université de Nantes, thèse de doctorat de Psychologie.

EHRLICH S., BRAMAUD DU BOUCHERON G. et FLORIN A. (1978), *Le Développement des connaissances lexicales à l'école primaire*, Paris, PUF.

FAYOL M. *et al.* (1992), *Psychologie cognitive de la lecture*, Paris, PUF.

FLETCHER P. et MAC WINNEY B. (1995), *The Handbook of Child Language*, Oxford, Blackwell, pp. 362-393.

FLORIN A. (1991), *Pratiques du langage à l'école maternelle et prédiction de la réussite scolaire*, Paris, PUF.

FLORIN A. (1995), *Parler ensemble en maternelle : la maîtrise de l'oral, l'initiation à l'écrit*, Paris, Ellipses.

GAONAC'H D. et GLODER C. (1996), *Manuel de psychologie pour l'enseignement*, Paris, Hachette Éducation.

GARITTE C. (1997), « La conversation spontanée entre enfants du même âge ; genèse et étude développementale des intérêts conversationnels de 6 à 15 ans », dans J. BERNICOT, J. CARON-PARGUE et A. TROGNON, *Conversation, interaction et fonctionnement cognitif*, Nancy, Presses universitaires de Nancy.

GOLDER C. (1996), *Le Développement des discours argumentatifs*, Lausanne, Delachaux et Niestlé.

GOMBERT J.-É. et FAYOL M. (1995), « La lecture-compréhension : fonctionnement et apprentissage », dans D. GAONAC'H et C. GOLDER, *Manuel de psychologie pour l'enseignement*, Paris, Hachette, pp. 358-381.

GUIMARD P. (1997), « Représentation de l'écrit et compétences cognitives en fin de maternelle », *Enfance*, 4, pp. 469-482.

HABIB M. (1997), *Dyslexie : le cerveau singulier*, Paris, Solal.

JUAN DE MENDOZA J.-L. (1995), *Cerveau gauche, cerveau droit*, Paris, Flammarion, coll. « Dominos ».

KAIL M. (1983), « L'acquisition du langage repensée : les recherches interlangues », *L'Année psychologique*, 83, pp. 225-258 (1re partie) et pp. 561-596 (2e partie).

KAIL M. (1985), « Les universaux et les particularités du langage », *Le Courrier du CNRS*, 60, pp. 21-25.

KAIL M., FAYOL M. (2000), *L'Acquisition du langage*, vol. 1 : *Le langage en émergence : de la naissance à trois ans* ; vol. 2 : *Le langage en développement : au-delà de trois ans*, Paris, PUF.

KHOMSI A. (1987), *Épreuve d'évaluation des stratégies de compréhension en situation orale*, Paris, Éd. du Centre de psychologie appliquée.

KHOMSI A. (1990), « Les précurseurs langagiers à l'acquisition de la lecture », dans N. ZAVIALOFF, *La Lecture*, Paris, L'Harmattan.

KHOMSI A. (1996), « Les troubles cognitifs de la scolarité », dans D. GAONAC'H et C. GOLDER, *Manuel de psychologie pour l'enseignement*, Paris, Hachette Éducation.

KHOMSI A. (1997), *Évaluation des compétences scolaires au cycle II. ECS II*, Paris, Éd. du Centre de psychologie appliquée.

LABOV W. (1976), *Sociolinguistique*, Paris, Éd. de Minuit.

LÉCUYER R., PÊCHEUX M.-G. et STRERI A. (1994), *Le Développement cognitif du nourrisson*, tome I, Paris, Nathan Université.

LIEURY A. (1991), *Mémoire et réussite scolaire*, Paris, Dunod.

LIEURY A. (1996), « Mémoire encyclopédique et devenir scolaire : étude longitudinale d'une cohorte sur les quatre années du collège français », *Psychologie et psychométrie*, 17, 3, pp. 33-44.

LURÇAT L. (1979), *L'Activité graphique à l'école maternelle*, Paris, Éd. sociales françaises.

MOORE T.E. (éd.) (1973), *Cognitive Development and the Acquisition of Language*, New York, Academic Press.

OLLIVAUX R. (1988), *Pédagogie de l'écriture et graphothérapie*, Paris, Masson.

POUTHAS V. et JOUEN F. (éds.) (1993), *Les Comportements du bébé : expression de son savoir ?*, Bruxelles, Mardaga, 1993.

REUCHLIN M. (1986), *Psychologie*, Paris, PUF.

RONDAL J.-A. (1983), *L'Interaction adulte-enfant et la construction du langage*, Bruxelles, Mardaga.

RONDAL J.-A. et SERON X. (1989), *Troubles du langage : diagnostic et rééducation*, Bruxelles, Mardaga.

SCHNEUWLY B. et BRONCKART J.-P. (1985), *Vygotsky aujourd'hui*, Lausanne, Delachaux et Niestlé

TERRACE H.S. (1980), *Nim, un chimpanzé qui a appris le langage gestuel*, Bruxelles, Mardaga.

WATZLAWICK P. (1980), *Le Langage du changement*, Paris, Solal.

Index

Les topos

Psychologie

Psychologie sociale et relations intergroupes, A.-E. Azzi, O. Klein
L'identité sociale, L. Baugnet
L'entretien clinique, H. Bénony, K. Chahraoui
Les méthodes d'évaluation de la personnalité, J.-L. Bernaud
Tests et théories de l'intelligence, J.-L. Bernaud
Les représentations sociales, C. Bonardi, N. Roussiau
Introduction à la sociolinguistique, H. Boyer
Psychopathologie de l'enfant, M. Boubli
Psychanalyse et méthodes projectives, C. Chabert
Les psychothérapies de groupe, J.-B. Chapelier
L'observation clinique, A. Ciccone
La psychologie clinique interculturelle, F. Couchard
Éduquer l'intelligence, J.-C. Coulet
L'examen psychologique de l'enfant à la période de latence (6-12 ans), R. Debray
La motivation, F. Fenouillet
Le développement du langage, A. Florin
Introduction à la psychologie du développement (Enfance et adolescence), A. Florin
Les métiers de la psychologie, R. Ghiglione
Psychologie sociale et évaluation, G. Guingouain
L'identité sexuée, G. Le Maner-Idrissi
Psychologie dans le travail et les organisations (Ressources humaines et entreprise), C. Lemoine
Introduction à la psychologie, A. Lieury
Relations et communication interpersonnelles, E. Marc, D. Picard
Introduction à la psychopathologie, J. Ménéchal
Qu'est-ce que la névrose ?, J. Ménéchal
Histoire de la psychologie, S. Nicolas
La mémoire, S. Nicolas
Les troubles psychiques à l'adolescence, F. Richard
La communication sociale, M.-L. Rouquette
Pour introduire la psychologie clinique, E. Schmid-Kitsikis
L'évaluation psychologique des très jeunes enfants (0-6 ans), C. Tourrette
Le développement social de l'enfant (du bébé à l'enfant d'âge scolaire), C. Zaouche-Gaudron

044195-(IV)-(2)-OSB-80°-PPC-API
Dépôt légal : janvier 2004 (suite du 1er tirage) - N° imprimeur : 16930
Imprimé en France par I.M.E. - 25110 Baume-les-Dames
Dépôt légal de la 1re édition : 2e trimestre 2001